U0534452

贵州省数字经济协同创新中心、贵州财经大学
数据产权保护制度创新团队成果

个人信息协同保护的法经济学研究

陈旭琳 著

中国社会科学出版社

图书在版编目（CIP）数据

个人信息协同保护的法经济学研究 / 陈旭琳著 . —北京：中国社会科学出版社，2024.4
ISBN 978－7－5227－3380－7

Ⅰ.①个… Ⅱ.①陈… Ⅲ.①个人信息—法律保护—研究—中国 Ⅳ.①D923.74

中国国家版本馆 CIP 数据核字（2024）第 065823 号

出 版 人	赵剑英	
责任编辑	孔继萍	
责任校对	周　昊	
责任印制	郝美娜	

出　　版	中国社会科学出版社	
社　　址	北京鼓楼西大街甲 158 号	
邮　　编	100720	
网　　址	http：//www.csspw.cn	
发 行 部	010－84083685	
门 市 部	010－84029450	
经　　销	新华书店及其他书店	

印　　刷	北京君升印刷有限公司	
装　　订	廊坊市广阳区广增装订厂	
版　　次	2024 年 4 月第 1 版	
印　　次	2024 年 4 月第 1 次印刷	

开　　本	710×1000　1/16	
印　　张	13.25	
字　　数	207 千字	
定　　价	88.00 元	

凡购买中国社会科学出版社图书，如有质量问题请与本社营销中心联系调换
电话：010－84083683
版权所有　侵权必究

前　言

作为数字经济的燃料，个人信息的不当处理因频频"爆雷"而成为社会关注的焦点，个人信息的保护亟待强化。公众、数据企业和政府都洞察到个人信息对数字经济的基础性价值，个人信息的有效保护成为数据共享开放的前提和基础。党中央和习近平总书记对数字经济和个人信息保护极为重视，党的十九大明确发展数字经济和数字中国，十九届四中《决定》提出，要加强数据有序共享，依法保护个人信息，《中共中央关于制定国民经济和社会发展第十四个五年规划和二〇三五年远景目标的建议》更进一步明确指出，要保障国家数据安全，加强个人信息保护。国家2021年公布实施《中华人民共和国个人信息保护法》。

本书仅从数字经济时代个人信息"如何保护""如何利用"与"保护和利用如何平衡及协调"三个核心问题，提出，权利配置是制度的基础，规则适用是制度的运行，行为激励是制度的落实，构建个人信息协同保护制度。依从"产权界定降低交易成本"的理论逻辑，聚焦个人信息"个人信息权—数据权—监管权"的"权利束"界定，探究其"权利束"内部冲突和协调，进而提出个人信息保护的权利协同框架；依从"规则适用促进交易效率"的理论逻辑，聚焦个人信息保护的"无为规则、财产规则、责任规则、禁易规则和管制规则"的运行效率，探究各种规则之间的冲突、补充和协调，进而提出规则协同框架；依从"行为博弈激励合作演化"的理论逻辑，聚焦个人信息保护的信息主体、信息处理者和信息规制者的行为模式和特征，探究三类主体的行为冲突、协调、博弈和演化，进而提出主体的行为协同框架。与此同时，本书基于权利、规则、行为协同的规范研究，通过典型案例结合法经济学的实证研究予以求证，重视区域共建共享共治，突出西部陆海新通道的作用，进而分析政府、信息主体、信息处理者和社群组织的协同机制和实现路径，为数字经济时代我国个人信息保护制度构建提供有益参考。

全书共八章，第三、四、五、六、七章为核心章节。具体研究框架如下：

第一章，绪论。本章主要包括选题背景、研究动态综述、研究设计和研究创新。本章从个人信息保护的现实需求出发，重点把握个人信息保护研究脉络，紧扣数字经济的时代特征，提炼出个人信息保护的多元协同深化趋势，从而明确本书的研究方向和研究重点。

第二章，个人信息保护制度的理论框架。首先，从个人信息基本内涵、属性等问题出发，明确本书的研究范围和方向。其次，重点介绍支撑本书研究的理论基础，主要有产权交易理论、效率理论、演化理论和协同理论。以传统法律规范分析法分析个人信息保护制度，在研究方法上比较单一，难以与经济分析和实证分析相结合；在研究视角上较为片面，主要从个人信息的局部进行静态研究，缺乏从个人信息整体角度开展的动态、立体的研究。通过对"交易成本""产权""效率""演化"等理论的引入，抛开传统法律分析法本身注重的从概念内涵、逻辑推演、类比适用等角度，对构建我国个人信息协同保护制度理论分析框架具有较强的指导作用。

第三章，个人信息保护的权利协同。本章借助产权经济学"权利束"工具，依托其耦合经济学和法学的特质，按照"产权界定降低交易成本"产权交易理论逻辑,从束体和束点两个维度,对个人信息的权利体系进行全面立体化解构,利用束体对客体特征进行分段解构,利用束点对主体诉求进行分层解构并进行类型归结,发现个人信息权利在主体利益冲突和客体种类深化中表现出丰富化、多元化的权利体系,进而提出个人信息保护的权利协同路径——目标、原则和体系协同。

第四章,个人信息保护的规则协同。本章借助于"卡—梅"框架工具,依托其运行效率分析特质,按照"规则适用促进交易效率"规则效率理论逻辑,对个人信息保护的规则菜单进行全面解析,探究财产规则、责任规则、禁易规则、管制规则和无为规则之间适用范围、效率机制和协调关系,进而提出以管制规则统领全局,以事前自愿交易效率的财产规则为主,以事后损害赔偿的责任规则为辅,形成个人信息保护的常用性规则,再以无为规则推进未知领域探索和禁易规则坚守底线作为后援性规则。

第五章,个人信息保护的行为协同。本章借助演化博弈工具,依托其对主体行为的合作演化分析特征,以信息主体与信息处理者双方静态博弈为基础,拓展为信息主体、信息处理者和政府三方间动态演化博弈,探究参与主体的合作行为稳定性、演化路径,从而提出三方行为协同的机会、动机和控制方法互动机制。

第六章,个人信息协同保护的案例鉴析。本章运用典型案例,通过梳理争议焦点和司法裁定要点,探究我国个人信息保护制度运行难以对信息主体形成有效保护的根本原因,并探索权利的配合、规则的协调和行为的互动对个人信息保护的现实价值。个人信息保护有效推进必须坚持协同的思想,采用开放、包容的发展理念,综合运用三重授权原则、产权保护模式和提升行为主体注意水平来推进权、责、利的多维协同。

第七章,个人信息协同保护的制度构建。本章立足于个人信息权利、规则和行为协同保护理论研究成果和案例分析启示,融入习近平新时代中国特色社会主义思想的协调发展理念，以权利协同、规则协同和行为协同为指引，重视区域共建共享共治、突出西部陆海新通道的作用，重点探索个人信息保护制度体系的协同运行机制和具体实现路径。提出以优化知情同意质量的实质参与为权利价值导向，以从零和博弈走向合作的共享动机为行为导向，以提升个人信息保护的共同行动能力为效率导向，三者构成协同创新的价值要素；同时，提出建立由公私权统一配合的权利配合、激励相容的规则调节、利益平衡的行为协同构成三重协调机制；进而提出政府、信息主体、信息处理者、社群组织"四位一体"、互补嵌入的协同创新路径。

第八章是结论，总结全书。

目　　录

第一章　绪论 (1)
第一节　选题背景及意义 (1)
一　选题背景 (1)
二　选题意义 (4)
第二节　相关文献综述 (6)
一　个人信息保护起源：隐私时代的侵权保护模式 (6)
二　个人信息保护兴起：网络时代的信息主体自主控制 (8)
三　个人信息保护深化：数字经济时代的多元协同保护 (10)
第三节　研究设计 (15)
一　研究目标 (15)
二　研究思路 (16)
三　研究方法 (17)
第四节　创新及不足 (17)
一　创新之处 (18)
二　不足之处 (19)

第二章　个人信息保护制度的理论框架 (20)
第一节　基本概念界定与研究范围划定 (20)

一　个人信息、隐私和数据 …………………………………… (20)
　　二　个人信息的本质属性 ……………………………………… (25)
　第二节　个人信息保护制度的理论基础 ………………………… (27)
　　一　产权交易理论 ……………………………………………… (27)
　　二　效率理论 …………………………………………………… (30)
　　三　演化理论 …………………………………………………… (32)
　　四　协同理论 …………………………………………………… (34)
　第三节　个人信息保护的理论分析框架 ………………………… (36)
　　一　现有个人信息保护理论分析框架的局限性 …………… (36)
　　二　个人信息保护理论分析框架的构建 …………………… (37)

第三章　个人信息保护的权利协同 ………………………………… (39)
　第一节　"权利束"——法和经济学的内在耦合 ……………… (39)
　　一　"权利束"：个人信息保护的产权理论 ………………… (39)
　　二　"权利束"的核心构造 …………………………………… (42)
　　三　交易成本视角下的个人信息"权利束"解读 ………… (43)
　第二节　个人信息"权利束"的产权界定 ……………………… (46)
　　一　束体维度：个人信息权利的分段解构 ………………… (47)
　　二　束点维度：个人信息权利的分层解构 ………………… (49)
　　三　逻辑归结：个人信息权利类型化 ……………………… (58)
　第三节　个人信息"权利束"的协同 …………………………… (60)
　　一　目标协同 …………………………………………………… (60)
　　二　原则协同 …………………………………………………… (64)
　　三　体系协同 …………………………………………………… (66)
　第四节　本章小结 …………………………………………………… (70)

第四章　个人信息保护的规则协同 ………………………………… (72)
　第一节　"卡—梅框架"经典模型及其拓展 …………………… (72)

一　"卡—梅框架"经典模型 …………………………………… (72)
　　二　"卡—梅框架"的内外拓展 ………………………………… (73)
　第二节　个人信息保护规则的效率分析 ………………………… (74)
　　一　财产规则 …………………………………………………… (75)
　　二　责任规则 …………………………………………………… (79)
　　三　禁易规则 …………………………………………………… (81)
　　四　无为规则 …………………………………………………… (82)
　　五　管制规则 …………………………………………………… (83)
　第三节　规则类型的协同框架 …………………………………… (87)
　　一　主体规则：管制规则统领全局 …………………………… (88)
　　二　平行规则：一般适用财产规则 …………………………… (89)
　　三　平行规则：辅助适用责任规则 …………………………… (89)
　　四　例外适用：禁易坚守底线和无为探索未知 ……………… (90)
　第四节　本章小结 ………………………………………………… (90)

第五章　个人信息保护的行为协同 ………………………………… (92)
　第一节　个人信息的主体行为博弈及保护困境 ………………… (92)
　　一　个人信息的主体行为博弈 ………………………………… (92)
　　二　个人信息保护困境分析 …………………………………… (94)
　第二节　主体行为的演化模型 …………………………………… (97)
　　一　政府协同规制的合理性 …………………………………… (97)
　　二　基本假设及模型构建 ……………………………………… (99)
　　三　复制动态方程 ……………………………………………… (102)
　第三节　主体行为的均衡稳定性 ………………………………… (106)
　　一　演化策略的稳定条件 ……………………………………… (106)
　　二　演化系统均衡点 …………………………………………… (109)
　　三　决策过程及稳定性分析 …………………………………… (111)
　第四节　主体行为的演化路径仿真 ……………………………… (115)

一　基准演化的路径仿真…………………………………（115）
　　二　关键因素的演化模拟…………………………………（117）
第五节　主体演化行为的协同…………………………………（124）
　　一　基于动机的行为协同…………………………………（125）
　　二　基于机会的行为协同…………………………………（125）
　　三　基于控制方法的行为协同……………………………（126）
第六节　本章小结………………………………………………（126）

第六章　个人信息协同保护的案例鉴析……………………（127）

第一节　"头腾大战"：腾讯抖音头像昵称之争………………（128）
　　一　案涉当事人的经营与合作……………………………（128）
　　二　用户的登录和使用……………………………………（128）
　　三　个人信息处理的合约…………………………………（130）
　　四　双方争议的焦点………………………………………（131）
　　五　本案涉及的主要法律问题……………………………（133）
第二节　数据产品主体利益的冲突……………………………（135）
　　一　数据产品的开放性……………………………………（135）
　　二　主体利益的确认………………………………………（136）
　　三　可携带权的冲突………………………………………（137）
第三节　"三重授权"原则……………………………………（138）
　　一　"三重授权"原则缘起…………………………………（138）
　　二　"三重授权"原则的适用范围…………………………（141）
　　三　"三重授权"原则在本案中的运用……………………（143）
第四节　保护路径的优化………………………………………（146）
　　一　现有个人信息保护的法律应对………………………（146）
　　二　个人信息保护路径的困境分析………………………（146）
　　三　数据产品的产权保护…………………………………（149）
　　四　最优保护的注意水平…………………………………（150）

第五节　本章小结 …………………………………………（152）

第七章　个人信息协同保护的制度构建 ……………………（153）
　第一节　个人信息协同保护的价值要素 ………………………（154）
　　一　实质参与：优化知情同意质量的权利导向 ……………（154）
　　二　共享动机：从零和走向合作的行为导向 ………………（155）
　　三　共同行动能力：提升个人信息保护的效率导向 ………（156）
　第二节　个人信息保护制度的协同机制 ………………………（156）
　　一　公私权统一的权利配合机制 ……………………………（157）
　　二　激励相容的规则调节机制 ………………………………（158）
　　三　利益平衡的行为协调机制 ………………………………（159）
　第三节　个人信息协同保护制度的实现路径 …………………（160）
　　一　政府：管理和引导 ………………………………………（161）
　　二　信息主体：参与和控制 …………………………………（163）
　　三　信息处理者：技术设计 …………………………………（166）
　　四　社群组织：行业协会自律 ………………………………（169）
　第四节　本章小结 ………………………………………………（171）

第八章　结论 ……………………………………………………（173）

参考文献 ………………………………………………………（176）

后　记 …………………………………………………………（194）

图目录

图 1-1　研究思路 ……………………………………（16）
图 2-1　个人信息与隐私关系 ………………………（23）
图 2-2　个人信息与数据关系 ………………………（24）
图 2-3　个人信息的本质属性 ………………………（26）
图 3-1　"权利束"的要素 ……………………………（40）
图 3-2　"权利束"的核心构造 ………………………（43）
图 3-3　个人信息生命周期和样态变化关系 ………（49）
图 3-4　个人信息权 …………………………………（54）
图 3-5　企业数据权 …………………………………（56）
图 3-6　政府监管权 …………………………………（57）
图 3-7　个人信息权利束结构 ………………………（59）
图 4-1　经典"卡—梅框架" …………………………（73）
图 4-2　新"卡—梅框架" ……………………………（74）
图 4-3　规则菜单协同框架 …………………………（88）
图 5-1　信息主体策略演化规律 ……………………（107）
图 5-2　信息处理者策略演化规律 …………………（108）
图 5-3　政府策略演化规律 …………………………（109）
图 5-4　情形1的基准相位 …………………………（117）
图 5-5　情形1的基准博弈演化模拟 ………………（117）
图 5-6　情形2相位 …………………………………（118）

图 5-7 情形 2 三方动态演化 …………………………………… (119)

图 5-8 情形 3 相位 ……………………………………………… (120)

图 5-9 情形 3 三方动态演化 …………………………………… (120)

图 5-10 情形 4 相位 …………………………………………… (121)

图 5-11 情形 4 三方动态演化 ………………………………… (122)

图 5-12 情形 5 相位 …………………………………………… (123)

图 5-13 情形 5 三方动态演化 ………………………………… (124)

图 6-1 三重授权原则关系 ……………………………………… (140)

表目录

表 5-1 囚徒困境博弈的参数设定及其含义 ……………（95）

表 5-2 信息主体与信息处理者博弈支付矩阵 …………（96）

表 5-3 三方协同博弈的参数设置及其含义 ……………（101）

表 5-4 三方演化博弈的支付矩阵 ………………………（102）

表 5-5 三方演化博弈的特征值及稳定性存在条件 ……（110）

表 5-6 三方演化博弈系统的稳定情形一览表 …………（111）

表 5-7 三方演化博弈的影响因素基准值设置表 ………（116）

表 5-8 三方演化博弈的演化稳定性 ……………………（116）

表 5-9 情形 2 影响因素参数取值 ………………………（118）

表 5-10 情形 3 影响因素参数取值 ……………………（120）

表 5-11 情形 4 影响因素参数取值 ……………………（121）

表 5-12 情形 5 影响因素参数取值 ……………………（123）

第 一 章

绪　　论

第一节　选题背景及意义

一　选题背景

(一) 选题的现实背景

数字经济时代，以个人信息为中心，社交网络、人机交互、传感器捕捉及机器数据堆积形成各式各样的海量大数据，人类社会更趋于网络化、数据化和智能化。个人数据的生产、收集、存储、加工、流动极大地推动了数字经济，成为经济体系的重要一环。美国数据科学家舍恩伯格在《大数据时代》一书中指出，"数据在信息社会的地位和作用相当于工业革命的燃料"。据《数据经济治理白皮书（2019年）》统计显示，2018年，全球数字经济达到30.2万亿美元，名义递增9.2%，我国数字经济达31.3万亿元，增长20.9%，高于GDP增速约11.2%，对GDP增长贡献达到67.9%。据华为的研究预测，全球2025年估计有1000亿个网络连接点，每年新增近2000 TB数据[①]，中国有望成为世界第一的数据资源强国。总之，大数据正在驱动新一轮的科学技术革命，成为新经济的智能引擎，电子商务、智能家居、出行服务、健康医疗等各行各业将完

---

① 详见新华网《华为发布全球产业展望2025 预计数字经济23万亿美元》，2018年4月18日，http://m.xinhuanet.com/gd/2018-04/18/c_1122702734.htm。

成所谓的"数据掘金计划"。

数字经济对个人信息极致化的数据挖掘引发安全问题，不当处理行为时常发生，推动个人信息面向数字经济的协同保护刻不容缓。个人信息的规范处理和安全引起社会的关注，公众深感个人信息保护的重要性。譬如，马印航空客户信息泄露、厄瓜多尔2000万人国家级数据泄露、俄罗斯黑客窃取1.17亿个LinkedIn密码和美国Facebook5000万账户被盗，国内诸如美团数据、支付宝年度账单等事件，均表明国内外时有发生个人信息的不当处理行为，个人信息的安全岌岌可危。据中国互联网络信息中心2020年3月报告显示，我国拥有庞大的数据基础，9亿网民、400万个网站、300多万个APP，个人信息的收集、使用更为广泛和频繁，一些企业、机构甚至个人，唯商业利益所图，对个人信息随意获取、过度利用和非法交易，个人信息的非法使用对公众特别是网民的生活安宁、生命健康和财产安全造成困扰、侵权和损害。2019年7月，工信部在《关于电信服务质量的通告》中指出，平台企业存在大量未经同意过度收集个人信息的现象，并于11月下发《关于开展APP侵害用户权益专项整治工作的通知》，集中整治个人信息的违规和不当处理。2021年1月，工信部通报了157款App对个人信息的侵犯事件，披露了《移动智能终端应用软件预置和分发管理暂行规定》中主体责任未履行到位的腾讯、小米、豌豆荚等应用商店。其中，腾讯应用宝、小米应用商店、豌豆荚、OPPO软件商店、华为应用市场发现问题分别占比22.3%、12.0%、10.3%、9.9%、8.8%[①]，平台主体管理责任落实不到位，个人信息违规处理问题十分突出。数字经济时代，个人信息的保护已成为社会公众生活最迫切的基本需要，无论是个人还是诸如百度、阿里巴巴和腾讯等具有市场优势

---

① 详见工业和信息化部信息通信管理局《关于下架侵害用户权益APP的通报》，2020年11月10日，https://www.miit.gov.cn/jgsj/xgj/fwjd/art/2020/art_fc75900498fd4ddf89ca6e0d0e96141b.html。

的互联网巨头，以及作为数字市场规制主体的政府，已洞察到数字经济发展的基石在于个人信息利用，其有效保护是数字经济的必要条件和根本任务。

(二) 选题的制度背景

党中央和习近平总书记高度重视数字经济发展和个人信息保护，将其上升至国家战略和法律规范，党的十九大报告明确提出数字经济和数字中国的国家战略，十九届四中《决定》提出，"加强数据有序共享，依法保护个人信息"，《中共中央关于制定国民经济和社会发展第十四个五年规划和二〇三五年远景目标的建议》更进一步明确指出，"加快数字化发展——保障国家数据安全，加强个人信息保护"。习近平总书记2015年6月考察贵阳市大数据应用展示中心时指出，贵州发展大数据确实有道理，习近平总书记在2019年9月的国家网络安全周强调"保护信息安全，维护公民在网络空间的合法权益"。

欧盟的《数据保护指令》、美国《隐私法》和《儿童网上隐私保护法》等欧美相关法律聚焦个人信息保护，为数字经济时代我国如何构建有效的个人信息保护制度提供参考，我国个人信息保护的制度体系也针对欧美的经验不断借鉴、完善和创新。首先，多部法律都有涉及个人信息保护的相关规定，呈现出零散性和间接性，其中零散性规定例如《中华人民共和国居民身份证法》第六条第三款对个人信息的保密规定："公安机关及其人民警察对因制作、发放、查验、扣押居民身份证而知悉的公民的个人信息，应当予以保密。"间接性规定如"中华人民共和国公民的人格尊严不受侵犯（《中华人民共和国宪法》第38条）"，虽对公民的个人信息没有直接保护条文，但是却从宪法层次确立了个人信息保护的法律依据。2021年1月1日实施的《中华人民共和国民法典》，用六个法条规定个人信息，解决了个人信息的法律定位等问题。其次，国家标准规范和部门规章聚焦个人信息，随着《信息安全技术公共及商用服务信息系统个人信息保护指南》和《信息安全技术个人信息安全规范》的实施，个人信息保护实现了"有标可依"；2019年11月发布的《App违法违规收集使用个人信息行为认定方法》，进一步明确了六类违法违规收集和使用个人信息行为的认定方法。再者，全国人大一直积极推进个人信息保护的专门立法工作，早在2003年人大教授就执笔《个人信息保护法》的专家建议稿，第十三届全国人大共有340人次提出39件个人信息保护的相关议案、建议，全国政协委员共提出个人信息保护的相关提案32件，2020年《个人信息保护法（草案）》面向社会征求意见，立法进入实质性攻坚阶段，2021年8月20日十三届全国人大常委会表决通过了《中华人民共和国个人信息保护法》，并于2021年11月1日起施行。

国内个人信息保护制度体系日臻完善，对个人信息的有效保护成为重要的制度问题，即如何充分发挥各种法律法规的规范作用，如何增强规则之间的衔接和协调，成为重要的理论和现实问题。故而，本书以习近平新时代中国特色社会主义思想的协调发展理念为指引，研究数字经济时代的个人信息协同保护，着重探讨个人信息权利、规则、行为的基本逻辑和协同机理，建构协调促共享的个人信息协同保护制度。

二 选题意义

从"法学立基础、经济学促融合"的法经济学研究视角切入，梳理国内外相关研究成果，以协同理念为核心，遵循"理论基础—权利协同—规则协同—行为演化—实证案例—制度构建"的理论分析路径，对个人信息的协同保护制度进行全面系统的法经济学研究，此研究有如下价值：

（一）理论意义

第一，重新构建了个人信息保护制度的理论分析框架。目前关于个人信息保护制度的理论框架是基于行政法、刑法、民商法等纯法学理论构建的,学者们重点关注个人信息的法律性质以及规范表述法律权利问题,从而实现个人信息的法律赋权。这类研究更多关注于个人信息的本质属性和法律规定,尚未解决数字经济中个人信息保护和利用之间的协调和配合问题。然而近几年的研究和数字经济发展表明,协同保护是个人信息保护的重要方向。在此背景下,本书尝试将协同理论引入法经济学研究,并根据产权交易理论、效率理论、演化博弈理论等法经济学理论,构建法学与经济学紧密结合的个人信息保护制度的理论分析框架,将个人信息保护的理论研究拓展和集成到协同理念。

第二,本书是将法经济学应用于个人信息保护制度的有益探索。一般认为,个人信息保护以个人信息权利为基础,强调法律对行为的调整和救济,采用法学理论对个人信息保护进行研究,但在大量阅读既有文献后,作者发现法学对于个人信息保护制度的研究具有一定局限性。本书尝试将法经济学理论研究应用于个人信息保护领域,并结合国内制度体系的实际建构协同保护的框架。新框架将权利与规则和行为融合,不仅契合数字经济的发展,而且为研究个人信息保护制度提供了新的视角。

(二) 实践意义

第一,为个人信息保护实践提供新的思路和路径。党的十九届四中全会提出依法保护个人信息,是习近平新时代中国特色社会主义思想在个人信息领域的根本要求,而构建面向数字经济时代的个人信息协同保护制度,以"保护推利用、促共享",为保障信息主体的利益和促进信息的合理利用提供理论指导。

第二,促进个人信息保护相关法律的实施。《民法典》已于2021年1月1日起施行,《个人信息保护法》《数据安全法》也于同年公布开始实施,关于个人信息和数据的保护规定有利于我国数字经济战略的推进。在此背景下,设计一种搭建信息主体与信息处理者之间利益合作互通的桥梁，建立个人信息的协同保护制度具有较强实践的价值，有利于实现保护和利用的有机统一。

第二节 相关文献综述

从发展视角审视国内外个人信息保护的研究脉络和学术史，可分为个人信息保护的起源、兴起和深化：

一 个人信息保护起源：隐私时代的侵权保护模式

个人信息保护起源隐私权保护。隐私最早可追溯至 1881 年美国的生育侵权案[①]。审理法官马斯顿（Marston）认为，个人有权自主选择生活秘密范围，原告有权对其住所保密，并受法律保护。这种权利最初被归为"个人的独处自由"，将之用于对私人安宁生活的保护，从而体现出空间隐私的内涵，个人有权选择自己的生活，且不受外界的干涉或侵害。隐私权由 Samuel D. Warren 和 Louis D. Brandeis 于 1890 年发表《论隐私权》正式提出，认为隐私权是指"免受外界干扰的、独处的"权利。William Prosser 于 1960 年在《隐私权的界定》中将隐私侵权归纳成四种行为：（1）侵犯别人的私人空间或私人事务；（2）对别人的私生活加以公开泄露；（3）损害和歪曲他人的形象；（4）侵犯他人姓名或肖像。这四种隐私侵权构成侵权的体系，并按照侵权法进行事后救济。信息的广泛使用，隐私的内涵和外延也不断拓展深化，隐私扩张至信息、空间和自我决定的利益，Alan Westin 于 1967 年在《隐私和自由（Privacy and Freedom）》一文中将隐私权归纳为对个人信息的控制；后来隐私又由空间隐私拓展为信息隐私，信息隐私权又随着社会发展

---

① 1881 年密歇根州宣判的德美诉罗伯特案（De May v. Roberts）：德美医生邀请斯凯特古德（Scattergood）给罗伯特夫人接生，罗伯特夫妇得知特古德非医务人员，将其告上法庭。

和技术进步成为隐私的主要内容，隐私权甚至等同于个人信息①。

与美国不同，欧洲法律实践常用一般人格权来涵盖个人隐私，这主要是由于欧洲大陆法系传统和历史文化。1950年《欧洲人权公约》将个人私生活保护列入基本的公民权利范畴。第二次世界大战后，冷战中个人私人生活不断受到窃听和非法录音等的干扰和侵害，德国的宪法法院率先在"读者来信案"中为受害人"私领域"提供法律救济，随后在"人口普查案"中提出个人信息是个人人格的表现形式，体现为个人对人格、生活事实是否公开、何时公开以及公开范围的自我决定②。至此欧洲的个人隐私保护确立了"信息自决权"的理论基础。源于对隐私侵权保护，人格权成为个人信息保护的重要载体，信息主体是个人信息的主体，由此衍生人身权利。作为个人信息保护的权利基础，信息主体权利具有浓厚的人身属性，其保护的利益也是人格尊严、人格独立及人格自由③。

我国个人信息保护同样源自隐私保护，最初是通过名誉权、姓名权、肖像权等具体人格权的侵权救济。2009年《侵权责任法》正式确立隐私权，个人信息通过隐私侵害予以救济④。有学者认为采用隐私权保护规则来保护个人信息是最有效的方式，其他手段反而徒增制度成本⑤。然而，这种主张既没有看到个人信息和隐私的区别和联系，也没有深入解剖中外关于隐私权的制度内涵。首先，个人信息和隐私权相互关联但边界明确。2017年《民法总则》第

---

① See Breckenridge A. C., *The Right to Privacy*, Nebraska: University of Nebraska Press, 1970, pp. 35–37.

② 参见王泽鉴《人格权的具体化及其保护范围·隐私权篇（上）》，《比较法研究》2008年第6期。

③ 参见张民安《"侵权行为的构成要件"抑或"侵权责任的构成要件"之辨——行为人对他人承担侵权责任条件的称谓》，《政治与法律》2012年第12期；谢永志《个人数据保护法立法研究》，人民法院出版社2013年版，第99页。

④ 参见齐爱民《论个人信息的法律属性与构成要素》，《情报理论与实践》2009年第32期。

⑤ 参见徐明《大数据时代的隐私危机及其侵权法应对》，《中国法学》2017年第1期。

110 条、第 111 条将隐私权和个人信息进行分列规定，界分了个人信息和隐私的边界：隐私和个人信息之间相互交错但不包含两者之间交叉的部分即隐私信息①。其次，中美两国关于隐私权的制度内涵不同。美国是判例法国家，隐私权制度经过了 100 多年的发展，理论体系十分成熟，是涵盖姓名、名誉、肖像等内容的大隐私权，更类似于作为集合概念的"一般人格权"②，既能进行消极防御，又能积极地控制和利用，发挥了个人信息的功能和作用。相比而言，我国隐私权制度经历着从无到有、从"依托名誉权的保护"到保护"隐私利益"，再到 2009 年《侵权责任法》规定"隐私权"保护的演进历程③。在功能和作用方面，我国隐私权制度主要包含私人的生活空间和生活秘密，是消极防御隐私不被侵害，不具有积极控制和利用的功能④。因此，通过侵权救济来保护个人信息免受外界的不当侵害的隐私权制度，无法担负起个人信息保护的重任。

二 个人信息保护兴起：网络时代的信息主体自主控制

随着互联网技术出现和普及，收集、整理、加工个人信息更加简便，引发公众对信息安全的普遍担忧。一般认为，世界各国传统个人信息保护模式是以信息主体主导的同意权事前防御和民事诉讼的事后救济范式（杨立新，2005），信息主体对个人信息的保护从侵权救济的消极防御，逐渐转变为基于"个人有权控制其个人信息"的主动控制和积极防御，形成以个人控制理念为原则的个人信息保护制度。信息主体个人控制模式的特点可概括为：

---

① 参见李永军《论〈民法总则〉中个人隐私与信息的"二元制"保护及请求权基础》，《浙江工商大学学报》2017 年第 3 期。

② See Bignami F., Resta G., "Transatlantic Privacy Regulation: Conflict and Cooperation", *Law and Contemporary Problems*, Vol. 78, 2015, pp. 31.

③ 参见方新军《一项权利如何成为可能？——以隐私权的演进为中心》，《法学评论》2017 年第 6 期。

④ 参见王利明《个人信息如何保护》，《当代贵州》2015 年第 26 期。

一是以保护信息主体权利为核心。网络时代的个人信息保护基于信息的个人性，旨在维护信息主体的人格尊严和自由，使得信息主体能够自由支配、自由决定其自身信息的权利。保护个人信息权，就要保障信息主体掌握自己信息并自主控制[①]。传统的个人信息保护模式要求构建以"信息自决"为精髓、以信息主体自我控制为基础的个人信息权，并在此之上形成个人信息保护秩序[②]。

二是以对信息主体赋权为保护途径。传统个人信息保护的主要途径是通过赋予权利实现信息主体的自主控制。通过法律赋予权利主体为或不为，或要求他人为或不为作为保障。由此，大多数国家均以对信息主体赋权作为个人信息保护的方式。欧盟《数据保护指令》《一般数据保护条例》以及我国《民法典》，建立了以知情同意权为主，辅之访问权、更正权、删除权等一系列权利，为网络时代个人信息保护提供了制度框架[③]。国内学者在审视信息主体自主控制正当性认为，知情同意是信息主体自主控制的核心，是其应对信息、技术不对称的主要手段，能够调节信息主体和信息处理者之间的利益冲突[④]。知情同意成为个人信息保护的第一道防线，需要重视知情同意的实质意义，探索其适用去身份化、匿名化规则的行业技术标准[⑤]，并建立同意的"四要件"生效模式[⑥]。

三是以私权救济为主要救济途径。通常认为，个人信息处理是

[①] 参见王利明《论个人信息权的法律保护——以个人信息权与隐私权的界分为中心》，《现代法学》2013年第4期。

[②] See Mulligan D. K., King J., "Bridging the gap between privacy and design", *University of Pennsylvania Journal of Constitutional Law*, Vol. 14, 2011, pp. 989.

[③] See Polonetsky J., Tene O., "Privacy and big data: making ends meet", *Stanford Law Review Online*, Vol. 66, 2013, pp. 25.

[④] 参见王成《个人信息民法保护的模式选择》，《中国社会科学》2019年第6期。

[⑤] 参见金耀《消费者个人信息保护规则之检讨与重塑——以隐私控制理论为基础》，《浙江社会科学》2017年第11期。

[⑥] 参见姜盼盼《欧盟个人信息保护法中当事人同意的立法经验与启示》，《图书馆建设》2018年第11期。

平等主体之间产生的法律关系，个人信息侵权是侵害主体的私人利益，通过私权救济不仅能充分体现私法的意思自治，也能调动私人积极主动维护其自身合法利益。因此，私权救济是网络时代个人侵权的主要救济途径。

总体而言，网络时代个人信息的特性主要体现为个人性，建立基于个人信息个体性特征的保护模式足以满足保护需求。个人信息承载个人尊严和个人自由，只有个人能够控制自己的信息、知晓自身信息被谁以何种方式用于何种目的的处理，避免个人异化为他人随意践踏的客体，才能自由发展个人人格①。传统个人信息保护模式认为，与个人有关的信息都能独占、排他拥有，个人享有基于意志对其支配②。然而，随着数字经济时代到来，面对个人信息收集利用的关系日渐复杂、信息主体与信息处理者的地位失衡、信息主体逐渐失去对个人信息的支配力等诸多挑战，网络时代建构的信息主体自主控制的保护模式难以实现对个人信息的有效保护③。

三 个人信息保护深化：数字经济时代的多元协同保护

21世纪以来，海量数据驱动移动互联网和人工智能的发展突飞猛进，引发经济、社会和文明的大变革，呈现数字产业化和产业数字化的数字经济时代。个人信息成为社会成员新知获取和价值创造的不可或缺资源④，人们拥有的信息多少决定了其投资回报率高低，信息越多投资回报率越高⑤，对个人信息进行大数据挖掘的商

---

① 参见杨芳《个人信息自决权理论及其检讨——兼论个人信息保护法之保护客体》，《比较法研究》2015年第6期。

② 参见刘金瑞《欧盟网络安全立法近期进展及对中国的启示》，《社会科学文摘》2017年第6期。

③ 参见龙卫球《数据新型财产权构建及其体系研究》，《政法论坛》2017年第4期。

④ 参见［英］维克托·迈尔—舍恩伯格、肯尼思·库克耶《大数据时代》，盛杨、周涛译，浙江人民出版社2013年版，第52页。

⑤ 参见［美］杰弗里·L.哈里森《法与经济学》，法律出版社2004年版，第60页。

业潜在价值无法估量①。数字经济时代，大数据凸显了个人信息的重要价值，大数据的挖掘和匹配也对个人信息呈现新的冲击，如何顺应数字经济变革对个人信息的法律制度的研究成为崭新课题②：

一是大数据冲击个人信息的自主控制保护模式，知情同意效能在减弱。受限于有限理性、信息不对称等因素影响③，信息处理者的告知流于形式，导致信息主体被告知但不知情，不知情但做出同意的情形普遍存在，这种信息处理者的个人信息政策与现实出现巨大的落差现象，使得知情同意变成信息处理者逃避责任的工具④，强调知情同意的信息主体自主控制的保护模式显得捉襟见肘⑤。即便知情同意原则在各国个人信息保护法中反复整合以降低信息主体的理解成本和理解障碍，但仍收效甚微。在现有法律保护模式下，信息处理者对个人信息的利用激励较强，而保护激励较弱⑥，知情同意就难以发挥个人信息的保护效能⑦，使得知情同意由信息主体控制个人信息的途径异化为信息处理者减轻或免除责任的借口⑧。同时，自主控制模式下的个人信息处理原则，如目的限定、最小够

---

① 参见［法］伯纳德·利奥托德、马克·哈蒙德《大数据与商业模式变革：从信息到知识，再到利润》，郑晓舟等译，电子工业出版社2015年版，第89页。
② 参见龙卫球《再论企业数据保护的财产权化路径》，《东方法学》2018年第3期。
③ 参见吴泓《信赖理念下的个人信息使用与保护》，《华东政法大学学报》2018年第1期。
④ See Crawford K., Schultz J., "Big data and due process: Toward a framework to redress predictive privacy harms", *Boston College Law Review*, Vol. 55, 2014, pp. 93.
⑤ See Mulligan, Deirdre K., and Jennifer King, "Bridging the gap between privacy and design", *University of Pennsylvania Journal of Constitutional Law*, Vol. 14, 2011, pp. 989; Cate, Fred H., "The Privacy and Security Policy Vacuum in Higher Education", *Educause Review*, Vol. 41, No. 5, 2006, pp. 18；任龙龙：《个人信息民法保护的理论基础》，《河北法学》2017年第4期。
⑥ 参见周汉华《探索激励相容的个人数据治理之道——中国个人信息保护法的立法方向》，《社会科学文摘》2018年第4期。
⑦ See Schwartz, Paul M., "Property, privacy, and personal data", *Harvard Law Review*, Vol. 117, 2003, pp. 2056.
⑧ 参见王怀勇、常宇豪《个人信息保护的理念嬗变与制度变革》，《法制与社会发展》2020年第6期。

用信息最小化原则、透明度等原则，在数字经济时代都受到严峻挑战。数字经济时代个人信息保护应从单一的知情同意转换为持续、动态的分层同意机制[①]，个人信息保护需要根据风险、场景探索保护的新机制。

二是信息主体和信息处理者的力量出现失衡。数字经济深化发展，由于信息获取、技术应用和创新能力的差异，数字鸿沟（digital gap）更加明显，不同主体之间力量强弱不断扩大，大数据技术将导致数字贫困和数字非正义大量存在，使之成为人类的异化力量[②]。相较于信息主体，专业的信息技术企业诸如百度、阿里巴巴、腾讯三大互联网巨头作为信息处理者，资本、技术和数据等生产要素的高度规模化和集中化，形成强大的信息技术、市场地位、权利救济优势，技术企业与信息主体双方力量失衡。譬如，在技术信息方面，信息处理者拥有更多的数据信息和技术优势，为追求利益最大化，信息处理者的个人信息政策，往往通过设置与信息主体不相匹配的阅读标准[③]，使信息主体阅读意愿大大降低，增大信息的不对称程度。又如，信息处理者大多拥有专业的法律团队，在法律知识、诉讼技能等具有专业优势。当个人信息侵权发生后，信息处理者的法律服务团队更容易对某些对其不利的关键证据进行藏匿、销毁，使得本身就不具有证据收集、获取方面具有相对优势的信息主体更难对侵害行为及其与损害结果之间的因果关系进行举证，严重加大了信息主体和信息处理者之间的诉讼能力的不对等。此时，信息主体很难通过私权维护自身合法权益[④]。

[①] See Kuner, Christopher, et al., "Risk management in data protection", *International Data Privacy Law*, Vol. 5, No. 2, 2015, pp. 95–98.

[②] 参见吴伟光《大数据技术下个人数据信息私权保护论批判》，《政治与法律》2016年第7期。

[③] 参见秦克飞《手机APP隐私政策的可读性研究》，《情报探索》2019年第1期。

[④] 参见王怀勇、常宇豪《个人信息保护的理念嬗变与制度变革》，《法制与社会发展》2020年第6期。

三是大数据深化个人信息的权利，权利呈现多样化、细致化。对于个人信息的大数据法律规范，欧盟率先进行全面系统的调整和回应，2016年颁布的《普通数据保护条例》具有两个特点，一是更新了知情同意的方式，二是细化了个人数据权利，增加了访问权、遗忘权、数据携带权、拒绝权和解释权等新权利[1]，权利的细致化和多样化一方面加强了信息主体对其信息的控制，另一方面也引申了多样化权利配合的理论问题。大数据使得个人信息的处理难以事先预测与研断，形式化的知情同意丧失对信息主体的实质性保护，限制信息处理者对个人信息的有效保护。据此，学者提出对信息处理者的信息处理行为进行规制，通过对个人信息处理行为进行规范和合规指引，如透明度规则、目的拘束规则、数据保护官、数据设计等，从而间接保护个人信息，弥补权利立法的弊端[2]。学界基于美国隐私法及欧盟数据保护新理念，促进个人信息"合理使用"并对"不合理使用"进行重点规制，提升个人信息保护的实效。也有学者认为，"法无明文禁止皆自由"，只要法律没有禁止的个人信息处理行为就是信息处理者行动自由的边界，我国个人信息保护立法上的有限禁止性列举，保护的范围和力度相对较弱[3]。

四是大数据泛化个人信息的利益群体，利益平衡机制失灵，保护问题复杂化。个人信息承载着人格尊严和自由价值、商业价值和公共管理等价值，是一个多元价值的集合体[4]。数字经济时代，个人信息的资源价值愈发凸显，收集、整理、加工和利用个人信息已成为信息处理者的经营战略，个人信息已成为大量数据企业、互联网公司的重要生产要素。脱离海量个人信息"喂养"，大数据产业

---

[1] 参见郑志峰《网络社会的被遗忘权研究》，《网络信息法学研究》2018年第1期。
[2] See Cavoukian, Ann., *Privacy by Design and the Promise of Smart Data. Smart Data：Privacy Meets Evolutionary Robotics*, New York, NY: Springer New York, 2013, pp.1-9.
[3] 参见叶金强《〈民法总则〉"民事权利章"的得与失》，《中外法学》2017年第3期。
[4] 参见张新宝《从隐私到个人信息：利益再衡量的理论与制度安排》，《中国法学》2015年第3期。

发展将成为无源之水①。但个人信息处理导致大量个人信息的收集、分享、利用必然与知情同意权、可携带权、被遗忘权等个人信息保护权利相抵触。此时，片面强调个人信息的信息主体权利，只会使信息主体和信息处理者完全对立，个人信息保护也成为此消彼长的零和博弈，这与大数据的融合精神完全冲突②，只有协调私人利益、企业利益和公共利益，方能化解个人权利与大数据融合的冲突，才能真正有效保护个人信息。对此，部分学者从公共利益的角度认为，数字经济时代个人信息实质成为公共品，主张施以公权规制③或社会控制④。同时有学者也发现信息主体和信息处理者的利益统一问题，提出经济激励机制，为信息主体和信息处理者提供一个对话协商平台，通过交涉和协商获取保护和利用的双赢格局⑤。还有学者发现私人和政府公共部门有合作的空间⑥。信息主体与信息处理者之间的利益关系是个人信息保护难的症结，只有信息主体和信息处理者的利益统一，形成利益"命运共同体"的交互，才能真正保护个人信息⑦。

综上，隐私时代和网络时代的个人信息保护机制逐渐失去活力，难以应对数字经济时代带来的挑战和难题：从个人权益的角度来看，数字经济时代信息主体和信息处理者在技术、信息等方面地位不对称，保护的微观效果和宏观效应都差强人意；从保护促共享、促发展的角度来看，传统机制尚未给信息处理者合理利用个人信息预留

---

① 参见金耀《个人信息去身份的法理基础与规范重塑》，《法学评论》2017年第3期。
② See Rengel, Alexandra., *Privacy in the 21st Century*, Martinus Nijhoff Publishers, 2013, pp. 102–103.
③ 参见吴伟光《大数据技术下个人数据信息私权保护论批判》，《政治与法律》2016年第7期。
④ 参见高富平《信息财产：数字内容产业的法律基础》，法律出版社2009年版，第13页。
⑤ 参见蔡培如、王锡锌《论个人信息保护中的人格保护与经济激励机制》，《比较法研究》2020年第1期。
⑥ 参见高楚南《欧盟数据控制者的义务：源起、变迁及其缘由》，《图书馆论坛》2019年第3期。
⑦ 参见［美］格里高利·曼昆《经济学原理》，梁小民译，北京大学出版社2014年版。

空间，限制数字经济的发展活力。事实上，信息处理者无论技术还是信息，都处于绝对优势地位，这种非合作博弈导致个人信息保护与利用陷入"囚徒困境"的局面，信息处理者缺乏保护的内生动力。

在信息技术深度发展及经济社会的深刻变革趋势下，有必要立足于数字经济时代个人信息的社会性特征，重新思考如何通过个人信息协同保护促进共享、促进利用。个人信息协同保护也有大数据的协同规律作为内在支撑，大数据的内在协同成为学界对由个人信息支撑的大数据产业和数字经济的共同认知。姜鑫和王德庄2019年在《开放科学数据与个人数据保护的政策协同研究——基于政策文本内容分析视角》中对科学数据和个人数据的生命周期研究提出，数据保护需要政策制度的协同，利益相关主体的政策需涉及数据全生命周期。李仪2019年在《个人信息共享的治理机制研究——以实现大数据下共享的知识服务功能为视角》中对个人信息共享也提出，现有的共享治理机制难以兼顾整体高效、组织有序，需要准入退出监管、交易失序规制、人格权和知识产权的划分保护等制度机制协同治理，推进数据共享的协作和协调。

第三节　研究设计

一　研究目标

首先，以习近平新时代中国特色社会主义思想的协调发展理念为指引，重新构建个人信息保护制度的理论分析框架，探析个人信息的"权利束"，研究个人信息的规则效率和个人信息涉及主体的行为合作演化特征，构建个人信息协同保护的理论框架，丰富个人信息保护理论。

其次，把握由权利、规则和行为三位一体构成的个人信息协同保护制度的核心内涵，结合典型案例探究协同保护的现实路径，提出制度重塑的措施，促进个人信息保护效率，夯实数据治理和推进数字经济发展。

二 研究思路

本书遵照"用辩证法、会弹钢琴"的协调发展理念精髓，遵循"产权界定降低交易成本""规则适用促进交易效率""主体博弈激励行为演化"的理论逻辑，从产权交易理论、"权利束"理论、规则效率理论、演化理论和协同理论的融合视角，聚焦"权利配置是制度的基础，规则适用是制度的运行，行为激励是制度的落实"的个人信息保护制度的核心内涵，遵循"理论为先、机制设计、现实检验、制度构建"的研究思路，探究个人信息协同保护制度运行机制和实现路径（见图1-1）。

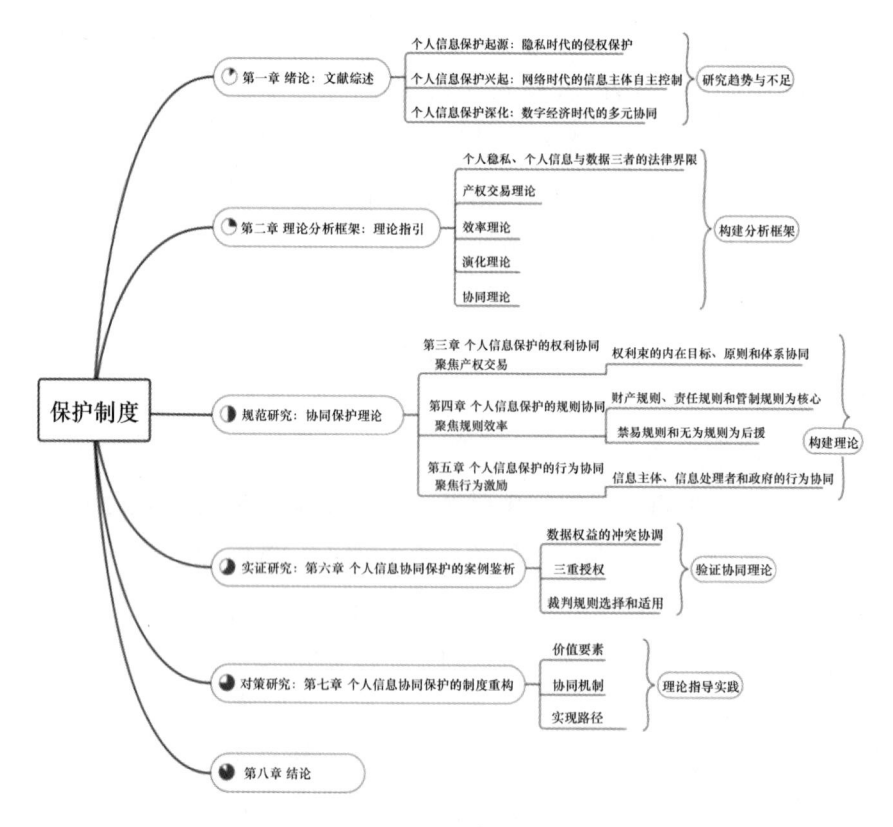

图1-1 研究思路

三 研究方法

（一）文献研究法

通过对国内外有关个人信息保护的文献资料进行梳理，较为系统地了解现行个人信息保护模式和制度安排，为本书研究个人信息保护奠定理论基础，也为本书准确发现当前个人信息保护制度研究的成就与不足提供理论支撑，对本书研究的方向和重点起着指引作用。

（二）案例研究法

个人信息保护的研究需借助于司法实践中大量案例，才能找到我国个人信息保护存在的问题及解决方案。本书选取具有一定代表性的判决书，通过分析发现争议焦点，说明当前我国个人信息保护在理论上和制度上面临的困境，为建立个人信息协同保护制度奠定基础。

（三）综合研究法

本书将法学和经济学学科交叉融合，以协同为立论，论述个人信息保护的权利交易、规则效率和行为演化的理论协同，并结合司法实践提出个人信息协同保护制度，促进个人信息保护问题的解决。概言之，本书采用规范与实证、定性与定量分析相结合的方式，对所收集的文献资料和案例进行综合分析，对个人信息协同保护进行全面且系统的研究，探寻区别于传统保护制度的多元协同保护的制度。

第四节　创新及不足

本书从"法学立基础、经济学促融合"的法经济学视角，对我国个人信息保护问题进行了深入研究，对理论研究及制度构建均作了有益尝试。同时，受限于文献资料、实证数据缺乏等诸多障碍，最终形成的研究成果存在一定不足,需要在以后研究中进一步完善。

一 创新之处

本书重点探究个人信息协同保护制度,主要创新点包括以下几个方面:

(1) 研究视角的创新。既有文献主要是从法学视角研究个人信息保护。本书在法经济学视角下,以"法学立基础、经济学促融合"的理论研究为基础,将交易成本、产权、效率和行为激励纳入研究分析,结合典型案例进行实证检验,重新审视数字经济时代的个人信息保护。对个人信息保护进行法经济学研究,既兼顾到法学研究对正义目标的关注,也融合了经济学追求效率等价值理念,最终构建符合数字经济时代关于个人信息"如何保护""如何利用"与"保护和利用如何平衡及协调"三个核心议题的个人信息保护制度,实现法学和经济学研究视角的契合。

(2) 研究内容的创新。针对数字经济时代个人信息处理中利益多元化的特点,本书将协同理论引入法经济学领域,强调协同是个人信息保护的核心和关键,依从产权界定降低交易成本、规则适用促进交易效率、行为博弈激励合作演化的理论逻辑,提出权利配置是制度的基础,规则适用是制度的运行,行为激励是制度的落实,三者构成个人信息保护制度的核心内容。同时,在"权利协同、规则协同和行为协同"研究分析的基础上,深入解剖"腾讯与抖音的用户头像和昵称之争"的典型案例,提出构建个人信息协同保护制度的价值要素、机制和具体实现路径。这既回应了个人信息保护的内在要求,又体现了数字经济发展的客观需要。

(3) 研究方法的应用创新。本书运用博弈分析法,以信息主体与信息处理者双方静态博弈为基础,分析短期对抗博弈会使得双方陷入囚徒困境状态。通过引入政府规制,将两方静态博弈进一步拓展到信息主体、信息处理者和政府三方的动态演化博弈,探究参与主体的合作行为稳定性、演化路径和关键因素。运用此种方法分析主体的行为互动，探寻信息主体、信息处理者和政府三者之间利益的同一向度，克服了传统法律分析法采用类比推理、空隙立法、法律发现等方法的不足，进一步提出政府、市场与社会互动的创新协同机制，以及政府、信息主体和信息处理者多方互补嵌入的创新协同路径，从而构建满足数字经济时代多元化需求的个人信息协同保护制度。

二 不足之处

本书对我国个人信息协同保护问题进行研究，从参与主体的权利、规则和互动行为角度，构建个人信息协同保护制度，并提出运行机制和具体实现路径。个人信息保护的研究涉及法学、经济学、计算机等多个领域，由于文献资料、实证数据以及作者专业知识外的计算机等相关知识的局限，作者在研究过程中克服诸多障碍并最终形成本书，但本书也存在诸多不足。在典型案例的实证分析中，囿于数字经济刚起步、经典案例稀少的限制，本书仅以单个案例分析的方式，以数据平台之间关于个人数据的法律纠纷为出发点，剖析背后信息主体与信息处理者之间的利益冲突来分析协同保护的多主体视角。随着数字经济的不断深入，有关个人信息保护的纷争将不断涌现，作者将对此类问题进行不断追踪和深入研究。

第 二 章

个人信息保护制度的理论框架

第一节 基本概念界定与研究范围划定

数字经济以个人信息为基础，对其进行保护是数字经济、数字社会最为关切的话题之一。厘清个人隐私、个人信息与数据三者的界限，为解决个人信息保护问题提供科学依据。

一、个人信息、隐私和数据

（一）个人信息

个人信息的主要特征是对特定自然人的识别，其记录方式主要是电子方式，当然也不排除其他方式，这些记录的信息要么直接单独识别自然人，要么与其他信息结合识别，常见的有姓名、性别、身份证号、家庭住址、电话、邮箱和健康行踪等（《民法典》第1034条第一、二款）。我国最初没有个人信息概念，个人信息保护经历了由隐私权间接保护到独立保护的演进历程。2009年通过的《刑法修正案（七）》，增加了"出售、非法提供公民个人信息罪"和"非法获取公民个人信息罪"，将非法提供和获取个人信息纳入刑法规制，但尚未从法律的角度定义什么是"个人信息"，在已施行的第一个个人信息保护的国家标准——工业和信息化部《信息安全技术公共及商用服务信息系统个人信息保护指南》（2012年11月发布，2013年2月1日实施），该标准在"术语和定义"部分明确了个人信息的定义,个人信息定义才得以释明。2017 年《民法总则》在第 111 条明确规定了个人信息受法律保护,尔后个人信息独立于隐私并依法受到独立、直接保护。

(二) 隐私

隐私是指私密的空间、活动和信息,因为私人生活安宁,这些隐私不愿意外界知晓和侵扰(《民法典》第 1032 条)。隐私权发端于美国,最早可追溯到 1881 年美国的生育侵权案(De Mary v. Roberts),审理法官马斯顿(Marston)认为,个人有权自主选择生活秘密范围,原告有权对其住所保密,并受法律保护。隐私最初表现为空间隐私(accessibility privacy),隐私权的概念最初在《论隐私权》一文中提出[①],用来保护个体私人生活安宁不受外界的干涉或侵害。网络技术兴起和发展后,美国隐私权保护内容和形式不断丰富和发展,以适应因科技发展衍生出的诸多法律问题和需求,即信息隐私(information privacy),从而形成了以隐私权保护个人信息的"大隐私权"体系。

隐私和个人信息经历从无到有,从同一意指到逐渐分离的过程。隐私的语义包含"隐"和"私"两方面内容,即指"隐蔽、不公开的事项"或者"私密而不愿告人或不愿公开的私人事"。在 1986 年颁布的《中华人民共和国民法通则》中并没有规定隐私权,仅是通过姓名、名誉、肖像等人格权对隐私进行间接保护。1988 年通过的《最高人民法院关于贯彻执行〈中华人民共和国民法通则〉若干问题的意见(试行)》,确认了个人隐私应受法律保护,并将隐私纳入名誉权的范畴进行间接保护。《最高人民法院关于确定民事侵权精神损害赔偿责任若干问题的解释》将隐私单列作为独立的人格利益,其利益的救济方式是通过精神损害赔偿来实现。隐私从人格利益上升为权利是由 2009 年的《侵权责任法》所确立,由此

---

① See Rubenfeld, Jed., "The Right of Privacy", *Harvard Law Review*, 1989, pp. 737 - 807.

成为正式的法律权利。以上隐私经由隐私法益上升为隐私权的发展历程中,个人信息作为隐私的内容受到法律保护。2017 年,《民法总则》第 110 条中确认个人应享有隐私权,并在第 111 条专门规定了个人信息受法律保护,由此隐私与个人信息逐步走向分离。

隐私与个人信息异同。《民法典》反映了技术进步推动隐私和个人信息从同一意指到逐步分离,表明两者之间既有联系又相互区别:一是在范围上,隐私与个人信息存在部分交叉、重叠[1],如图 2-1 所示。有的隐私属于个人信息,而有的隐私则不属于个人信息。譬如:一个人的住所、私人活动等享有的私生活安宁属于隐私权内容,但不属于个人信息权内容;有的信息如姓名、性别、联系方式等是高度公开的个人信息但不属于隐私;有的信息因涉及个人的私密性时则是个人信息与隐私的交叉重合部分,譬如:婚姻状况、身体健康情况、征信信息、行踪轨迹等。一般而言,对于隐私和个人信息重叠地带,即隐私信息,适用隐私权有关规定,若隐私权没有相关规定的,适用个人信息的规定[2]。二是在内容上,隐私保护的重点在于不被公开、披露,而个人信息的保护重点是对个人信息处置。隐私权强调个人生活空间、生活秘密的私密性,隐私权制度安排在于防范他人擅自披露、非法公开个人隐私的行为,因而隐私权表现为消极防御[3]。个人信息则是强调个人信息处理行为的规范性,制度设计除了关注信息主体消极防御外,更重要的是其积极利用权利,如《民法典》规定的知情同意权、复制查阅权、删除权等的主张和行使。三是在保护方式上,隐私作为精神人格权,保护隐私不被泄露、刺探和公开,这决定了事后精神损害赔偿是其权利救济方式,而个人信息权保护个人信息安全和信息处分,可以通

---

[1] 参见张新宝《从隐私到个人信息:利益再衡量的理论与制度安排》,《中国法学》2015 年第 3 期。

[2] 参见《民法典》第 1034 条第三款。

[3] 参见王利明《论个人信息权的法律保护——以个人信息权与隐私权的界分为中心》,《现代法学》2013 年第 4 期。

过事前（如知情同意）、事中（如停止侵害）和事后（如损害赔偿）的多种救济方式。四是在利益价值上，隐私权以精神价值为主，是一项精神性人格权，是人格尊严和人格自由存在的基本样态，不具有财产属性，因而不具有自由公开、转移和交易的可能；而个人信息权则不同，个人信息体现着人格利益与财产利益，数字经济时代个人信息交易和流转是主趋势，个人信息的财产利益价值更为重要。明确隐私与个人信息的边界后，既要正向对隐私做出积极规定，又要对非隐私做出排除性规定，方能为个人信息和隐私的有效保护扫清障碍。

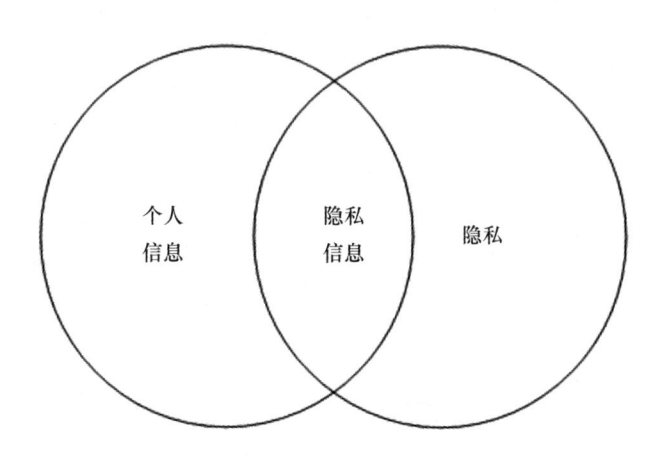

图 2-1 个人信息与隐私关系

（三）数据

数据是在通信、解释或处理中，通过重新解释而形成的形式化信息。我国《数据安全法》第 3 条指出，数据是以电子或非电子的形式对信息所做的记录。

我国《民法总则》之前的立法并未区分"数据"和"个人信息"，早期的数据财产经常被纳入个人信息加以保护。随着数字经济的迅猛发展，数据必然与信息相分离，成为法律所关注的独立权利客体，类似载体与作品的区分。《民法典》明确区分了个人信息和数据，将二者分置于第 111 条和第 127 条，将个人信息作为人格权益的客体加以保护，数据则划入了财产权的范畴。《民法典》在"人格权编"第 1034 条至 1039 条对个人信息进行了专章规定，但"物权编"尚未对数据进行相应规定。欧盟于 2018 年生效的《通用数据保护条例》，根据数据是否具有识别性，将个人数据定义为已识别或可识别的数据主体相关的任何信息，而在 2019 年 5 月生效的《欧盟非个人数据自由流动框架条例》，以识别性作为数据类型界分的标准，进而将数据划分为个人数据和非个人数据。可见，个人信息与数据的关系如图 2-2 所示。对个人信息与数据进行区分，可以使其在各自的轨道上都能得到充分保障，从而满足数字经济时代对个人信息和数据在不同层面的需求。

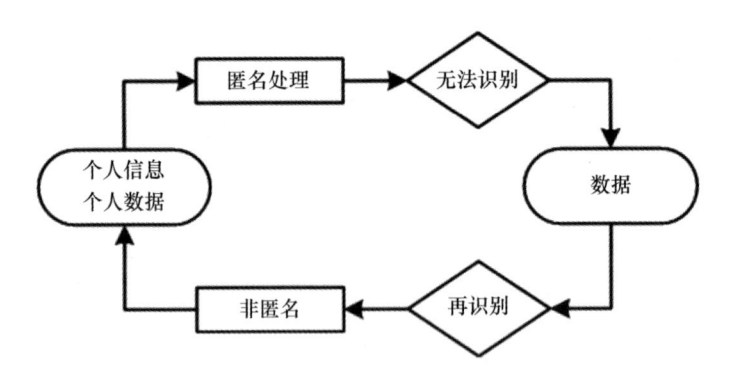

图 2-2　个人信息与数据关系

在我国制定法范畴，没有对"数据"给予法律定义，也没有在"数据"前加上"个人"作为前缀和修饰形成"个人数据"的概念。个人信息与个人数据的关系辨析集中在学理上的讨论，有学者[①]认为个人信息外延大于个人数据，个人信息与个人数据是内容

---

① 参见李海敏《数据的本质、属性及其民法定位——基于数据与信息的关系辨析》，《网络法律评论》2017 年第 2 期。

与形式关系①；也有部分学者把个人信息和个人数据在同一概念上使用，譬如：程啸②认为，个人数据与个人信息是同一事物，个人数据具有价值性在于其包含个人信息。在欧美国家，美国更多使用个人信息的概念③，在欧洲个人信息和个人数据是相互证成的概念，二者基本上不做区分④。

根据上述对个人信息、隐私和数据的关系辨析可以发现，在大数据语境中，个人信息与隐私具有交叉关系，个人信息与个人数据所指涉的对象基本相同，都指涉了已经识别或通过关联性可能识别个人的信息或数据，是同一内容的不同表达，因此本书混同使用，并在此基础上做个人信息的制度保护研究（技术保护暂不纳入本书研究范围）。

二 个人信息的本质属性

探讨个人信息保护，首先需要界定个人信息的本质属性。无论建构何种保护制度，明确对象的本质属性是法律保护的前提性问题。

个人信息兼具个人属性和社会属性。从信息的产生来看，个人信息可分为个人原始信息和个人衍生信息。个人原始信息是指不与他人发生联系就能产生的信息，譬如指纹、血型、性别等生物信息。此类信息是基于个体的独特性产生，具有较强的"人"的指向性，更多地表现为信息主体的个体性。个人衍生信息产生于社会活动中，是个人参与社会交往产生的信息，是对信息主体状态和行为的记录，如交通出行信息、网络浏览信息、APP 购物

---

① 参见杨惟钦《价值维度中的个人信息权属模式考察——以利益属性分析切入》，《法学评论》2016 年第 4 期。
② 参见程啸《论大数据时代的个人数据权利》，《中国社会科学》2018 年第 3 期。
③ See Bygrave, Lee A. , "Privacy and Data Protection in an International Perspective", *Scandinavian Studies in Law*, Vol. 56, No. 8, 2010, pp. 165 – 200.
④ 参见申卫星《论数据用益权》，《中国社会科学》2020 年第 11 期。

信息等。这类个人信息具有较强的社会性和公共性[①]，因而是具有有限排他性的准公共物品，除了受信息主体的控制和支配，还可能受到信息处理者和政府的限制。因此，就本质属性而言，个人信息处理应用的基本场景包含个体特征和社会特征，个人信息兼具个人性和社会性。

个人成分和社会成分所占比例取决于周围环境，个人信息同外部环境融合、互动和演化，使得两者呈不同比重。隐私时代和网络时代，个人信息的经济价值尚未被充分开发，个人信息价值主要受信息主体控制。即便信息处理者利用个人信息，主要是针对有限数量样本进行简单收集、处理、加工和应用，个人信息处理关系相对单一、静态，个体性属性较为普遍。然而，数字经济时代，信息处理者通过对海量个人信息的收集、整理、加工和应用，为信息主体提供更加精准、个性化的服务，便于人们生产生活；政府在医疗卫生、科教文体等公共事务和公共安全方面对个人信息利用，建立数字政府，提高政府直接服务社会成员的效能。可见，数字经济时代的个人信息的社会性特征较为明显。以上分析表明，个人信息随着时代变迁呈现出个人性和社会性特征，传统的以隐私权或自主控制的个人信息保护模式，不再适应数字经济时代对社会性重视的需要，因此需要建立一套符合技术进步、社会发展的个人信息保护制度。

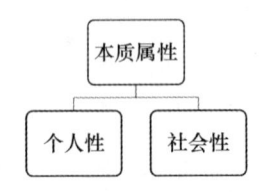

图 2-3 个人信息的本质属性

[①] 参见高富平《个人信息保护：从个人控制到社会控制》，《法学研究》2018 年第 3 期。

第二节　个人信息保护制度的理论基础

一　产权交易理论

罗纳德·科斯是法经济学最初时期的重要代表，其1960年的《社会成本问题》是法经济学的开山之作。在《社会成本问题》中，科斯从损害的相互性出发，通过对"牛和稻谷"几个案例的分析，概括得出"定价的制度运行成本基本为零时，法律对最大化产值不产生影响"，也就是不管权利最终权属是属于牛的所有人还是稻田的所有人，最优的牛的规模和篱笆墙的设置都是一样的。也就是说，在没有交易成本时，法律的初始赋权不影响资源配置状况。当交易成本为正时，产权的初始界定变得十分重要，会对经济有机运行产生重大影响。"科斯定理"不是由科斯本人提出，而是经济学者斯蒂格勒根据科斯思想将其总结为："私人成本在完全竞争中等于社会成本。"[①] 之后在经济学和法学研究中广泛传播。

科斯定理通过交易成本的核心概念，将资源的配置效率和法律的产权安排有机结合在一起，为法律问题的经济分析建立坚实的理论基础。科斯经典论文《社会成本问题》聚焦产权制度的基本原理、法律对经济运行的影响，该文的研究结果极大地拓展了法经济学的研究领域，突破原来仅限于反垄断政策的研究，从而形成了交易成本和产权约束维持法律制度经济分析的两个重要维度。后来，国内学者黄少安教授循着科斯的思路对科斯定理进行了演绎，归纳形成科斯四定理[②]：

科斯第一定理：如果交易成本忽略不计或者为零，不管怎样界定产权，市场交易都可以实现社会产值最大化，资源配置达到最优，实现帕累托最优状态。也就是，无论最初产权和权利配置是否

[①] 参见［美］施蒂格勒《价格理论》，李青原等译，商务印书馆1992年版，第174页。
[②] 参见黄少安《产权经济学导论》，山东人民出版社1995年版，第298页。

合理，都能以零交易成本进行再次配置，因而初始配置情况不会影响最终的资源配置、社会效用和社会福利。换言之，由于产权交易过程中，从权利的最初法律安排向最优制度安排转换过程中不需要任何代价，这种转变也没有任何阻力，因而即使是初始的权利安排的外部性问题存在，也就是相对帕累托最优的资源配置而言不合理，而市场交易没有成本的阻碍，权利的最初安排会无成本地转换为帕累托最优。

科斯第二定理：现实世界交易成本始终不会消失、大于零，产权的初始安排并不能无成本地通过市场交易转化为帕累托最优，资源的配置效率就受到产权的制度安排限制。因此，"如果市场存在交易成本……最初的权利安排就会影响经济的配置效率和制度效果，权利就效率而言尤为重要，成为最重要的安排"，资源配置的效果也受到交易成本的影响。科斯第二定理内含两层含义，一是现实世界成本大于零，产权的初始配置不能通过交易随意地向帕累托最优转化，因而产权的初始配置对经济运行效率产生影响和制约；二是权利的优化配置只有更有利于增加社会总产出时才可能发生，而且必须是产值的增加值高于市场的交易成本才能真正出现配置优化。

科斯第三定理（规范的科斯定理）：若显著存在交易成本，那么产权的清晰界定有助于节省交易成本、降低交易成本。换句话说，如果交易成本不为零，产权界定和保护规则的缺失会导致交易难以为继，因此需要有清晰的产权制度。如果政府能够对最初的产权安排做出一个最优的选择，这种选择就会通过权力安排改善社会福利，政府的制度安排就会改进社会福利水平。

科斯第四定理（发展的科斯定理或霍布斯定理）：托马斯·霍布斯在其撰写的《利维坦》一书中强调，交易对手的意见不一致和信息不对称，导致社会契约出现执行问题，从而导致交易对手之间乃至整个社会都承担了非常昂贵的交易成本和福利，这就对国家权力和法律制度提出了需求，只有增强国家权力和法律制度的权威性，方能维护社会的契约履行，保持社会秩序和稳定，增加社会福祉。霍布斯定理的精髓表明：社会契约是促进交易对手合作的根本保证，也是利用交易合作的规模经济特性，通过权威政府对交易者之间的产权进行认可和界定，使得交易对手的谈判更加畅通，从而规避缺乏产权认定而导致相互争夺所产生的利益损失。若产权明晰，各方合作的概率越大，反之则合作的概率越小。只有国家建立一套包含产权与社会发展的大规模武力系统，才能带来规模经济效率。故此，法律的构建目标之一是尽量降低由于交易协商失败而形成的损失。换句话说，当交易费用太高导致交易不能达成时，产权的核心目标就是找出并消除合作谈判的障碍（信息成本、监督成本和对策成本），使由于障碍导致的不合作转变为合作，以保障合作交易谈判顺利进行，从而创造合作剩余。

以上4个科斯定理反映了交易成本和产权之间的逻辑关系，对个人信息协同保护制度安排起着重要作用，是解释个人信息协同保护制度的内在逻辑和演变过程的重要理论。从个人信息的权利角度来看，个人信息的权利的使用许可和转让是个人信息的交易行为，其中交易成本涉及个人信息权利的转让、获取和保护，具体体现为资金、时间和精力的付出。当交易成本为零时，个人信息的初始权利配置不影响个人信息的自由交易和流动（科斯第一定理）；由于在真实社会中交易成本大于零，要保证个人信息自由交易，促进数据红利释放，就必须事先界定好个人信息处理活动中各参与主体的产权问题，各方主体权利的清晰界定有助于降低交易成本，增进效率（科斯第二定理）；在个人信息各方权利明晰的情况下，若交易成本太高阻碍个人信息保护和利用的自由交易，需要构建个人信息保护法律以消除交易障碍（科斯第三定理）；若个人信息保护和利用的交易成本太高，交易不能自由进行从而造成社会福利损失时，国家就应该制定、革新个人信息保护的法律制度，以减少或消除个人信息保护和利用的损失（科斯第四定理）。

二 效率理论

从词源来看，效率是给定时间内投入产出之比。在经济理论发展的过程中，以投入产出比为基础的效率成为经济发展的标准和尺度。著名经济学家亚当·斯密的《国富论》提出，由于市场竞争驱动资源配置，经济极具市场效率。后来，以马歇尔为代表的新古典经济学家，聚焦资源配置效率，研究如何将有限资源进行合理分配，从而实现对资源最大化的利用。然而，个人利益最大化并非必然出现社会利益最大化，基于个人利益最大化的资源配置有效率不代表社会最优的资源配置效率，还需要达到市场主体的一般均衡。

效率的重要研究进展是20世纪的著名经济学家帕累托所做的概念描述和概念界定，集中体现在他的《政治经济学讲义》《政治经济学教程》之中。帕累托在分析市场一般均衡的基础上，进一步探析满足最大化要求的均衡能否实现：当改变资源配置无法让任何一人得到好处的同时又不损害其他人的利益，这时的资源配置状态实现最优，也称为帕累托最优。当资源配置达到帕累托最优状态时，效用福利的剩余实现最大。如果没有达到资源的最优配置，则可通过调整资源配置增进效率，即在经济资源既定时，通过对资源的调整或变动，在不损害其他人的福利水平的前提下，增加和改进其中任何一个人的福利，这种改进也被命名为帕累托改进，同时帕累托改进达到极致、无法进一步优化，这种状态也被命名为帕累托效率。帕累托效率是建立在交易成本为零的一系列严格假设条件上，不符合现实中交易成本为正的状态。于是，卡尔多和希克斯认为，尽管经济的某种变化会损害部分人的福利，只要变动后的结果使得受益者的收益大于受损者的损失，社会整体福利水平仍然会提高，则此变化就是有效率的，这种效率标准被命名为卡尔多—希克斯效率。

无论是卡尔多—希克斯效率，还是帕累托效率，都可以作为最优均衡实现的判断标准，同时也可以作为制度变革和制度构建是否合理有效的评价标准。一般来讲，帕累托效率在法律上体现为公众广泛认可和追求的自由、公平和正义等基本权利，这些权利为世界各国的宪法和社会所彰显，集中体现绝大多数人的福利。卡尔多—希克斯效率观相对更为实用，法律绝大多数的情况都是权衡和取舍不同主体之间的利益，即保护个别利益的同时限制其他主体的利益，因而，在社会不平等条件下，只要法律收益获得者能够对受害者进行补偿，法律的最终安排就有效率。

帕累托效率和卡尔多—希克斯效率观为本书研究对象提供一定理论指引。然而，帕累托效率交易成本为零条件使得其难以作为制定或变更法律或政策的效率标准，而卡尔多—希克斯效率建立在社会不平等的前提下，有违社会公平正义原则。为此，美国著名法经济学学者 Guido Calabresi 和 Douglas Melamed 以科斯交易成本非零为理论基础，提出了法律规则的类型化[①]，形成"卡—梅框架"（C&M Framework），并从事前激励和事后成本两方面分析法律制度的效率差异。"卡—梅框架"打破传统不同法律部门划分的樊篱，着眼于行为和效果模式，将法律制度类型化为财产规则、责任规则和禁易规则，清晰展现出不同制度的效率标准。

研究个人信息的法律资源配置效率、个人信息治理的正反向激励等问题，"卡—梅框架"的规则效率标准为研究我国个人信息协同保护制度提供较强的理论指导。效率应是研究个人信息保护问题的出发点和归宿，正如波斯纳所言，在资源稀缺的现实世界，正义的形式在普遍意义上表现为效率。数字经济时代个人信息保护存在的种种困难，诸如产权配置缺位、行为激励失效等问题，使得制度效率不彰。这就需要以效率理论作为重要的价值取向和参考标准，

---

① See Calabresi, G., and Melamed, A. D., "Property Rules, Liability Rules, and Inalienability: One View of the Cathedral", *Harvard Law Review*, Vol. 85, No. 6, 1972, pp. 1089–1128.

运用效率来审视和批判个人信息保护问题的法律安排。设计大数据背景下的个人信息协同保护的法律制度，应提升该领域法律规则供给的效率，在守住个人信息安全和信息主体利益底线的前提下，释放数字经济的潜在福利。

三　演化理论

演化早就进入经济学家的研究视野，如"经济是动态演化的过程"（马歇尔，1948《经济学原理》）、社会经济系统演化（凡勃伦，1899《有闲阶级论》）、经济变迁和社会进步的演进框架（熊彼特，1912《经济发展理论》）、社会自发系统演化（哈耶克，1960《自由秩序原理》）。然而，演化经济学真正的兴盛是得益于自20世纪70年代兴起的信息化、互联网和如今如火如荼的大数据、人工智能，这些变革对经济学的研究对象、内容和方法产生革命性的影响，造成传统主流经济学的静态分析难以解释快速变化的经济现实。对此，演化经济学从动态视角和演化观点考察经济的运行和发展，探索经济行为和经济现象的演变规律，重点关注制度变迁和技术创新（纳尔逊和温特伽，1982《经济变迁的演化理论》）。制度演化的主流观点认为，交易费用与规模经济等因素所导致的收入增加不能实现时，原有制度由均衡走向非均衡，从而必然发生制度演进变迁。诺思还用演化进一步分析低效率制度、路径依赖、不确定性等研究主题，并发现制度变迁不适合传统经济学的均衡分析而需要以演化博弈为代表的分析工具，演化分析工具更能够解释诸如非正式制度的变迁过程和评估制度演化的效率。

20世纪90年代，演化经济学在对传统博弈理论进行完善和发展的基础上，从系统和演化的观点逐渐建立了行为演化博弈（Evolutionary Game Theory）。演化博弈从动态视角审视群体行为的演变规律，其展现出个人行为与群体行为的相互制约、相互影响、相互支撑的行为机制，其本质是将微观个人行为提升至宏观群体行为的研究模型。行为演化博弈理论的理论分析框架已经日臻完善，广泛应用于各个学科的行为研究之中，为分析、判断和解释博弈参与主体的行为提供严谨的分析方法。演化博弈摒弃完全理性的假设，假设博弈行为人有限理性，行为人之间是相互模仿、学习的动态调整过程，通过不断修正自己行为进而完成决策。演化博弈分析参与者种群根据其观察到的信号和信息，不断修正和调整自己的博弈策略，进而获得更高的博弈收益，这种对行为动态演化的刻画，解释了群体的选择或突变为何、如何达到目前状态，进而产生行动规则，推动"制度"演化发展。

演化博弈是演化经济学用来分析法律等非市场制度演化的重要分析工具。基于演化博弈分析法的先进性，法律制度的演化博弈分析方法正成为法经济学的主导分析范式。一方面，演化博弈分析进一步明晰交易成本的范畴。演化博弈论重点研究策略成本和信息成本，两者又是交易成本的核心，演化博弈通过数学工具将两者的产生机制进行明确刻画，进一步明确交易成本的含义，使得交易成本更加明确化。另一方面，演化行为博弈在坚持个人主义方法论的基础上，引入整体主义思想，抛弃"完全竞争中个体理性对效用和利润的最大化追逐并是社会最优"的研究框架，与新古典经济学不同，着重强调行为手段对追求目标的适应性，其中局中人的行为和价值导向影响和制约博弈均衡。

采用演化博弈对个人信息保护中个人、企业与政府相互影响和相互制约的行为进行演化分析，有着更好的解释力和预测力。法律制度不仅是关注个人如何对法律规制的反应和行动，而且更加关注行为人之间对法律规则的互动性反应行为。演化博弈所关注的对策性行为是其基本特征，对策性行为不仅仅受制于自身的约束条件的行为选择，而且受到博弈对手行为的影响，这种对抗性对策行为与法律制度关注的法律规则互动性反应如出一辙。在给定的法律关系中，行为人的行动选择受到其自身因素的制约和其他行为人的影响，根据外部环境的变化，不断模仿、学习和突变，调整或修正自己的行为选择以达到最优化决策的均衡状态。个人信息处理活动，涉及多环节、多场景、多利益和多主体，其价值导向和利益诉求各不相同。信息主体有信息安全和信息利益索取要求，信息处理者有企业利润和企业发展需求，国家有公共利益、国家利益的需求，不同利益诉求必然引致利益相关者之间博弈，如利益参与人的行为无法在利益诉求中达到均衡，必然会出现个人信息保护不足或保护过度的情形，个人信息保护与利用关系难以兼顾，那么现有的制度就难以维系，而数字经济时代对信息处理的强劲需求，以及以人为本的价值体现和科技发展的正向关系则要求革新制度，促进个人信息保护制度演化。

四 协同理论

美国著名战略专家安索夫（Ansoff）于1965年发行《公司战略》一书，最早提出"协同"概念[1]。协同上升为理论的高度源自物理学的研究，也就是著名学者哈肯的激光研究。其中，哈肯对"协同"（Synergy）理解为"系统的各个部分之间因协作而产生的集体效应"[2]，称为"协调合作之学"。"系统由各要素所构成，各子系统相互竞争、相互作用，从而在宏观上形成结构的相对稳定，并把协同作用定义为要素相互之间的竞争和激励，协同作用的存在是无序系统向有序系统演进的根本动力，系统基于协同的演进规律正是系统协同的精髓，也是协同的真实含义"[3]。协同学的理论架构概括为三点：一是协同效应，由协同作用而产生的影响和结果，其

---

[1] 参见［英］安德鲁·坎贝尔、凯瑟琳·萨姆斯·卢克斯《战略协同》，任通海、龙大伟译，机械工业出版社2000年版，第1页。

[2] 参见［德］H. 哈肯《协同学：大自然成功的巧秘》，凌复华译，上海译文出版社2005年版，第7页。

[3] 参见杨建平《政府投资项目协同治理化制及其支撑平台研究》，博士学位论文，中国矿业大学，2009年，第29页。

影响是系统构建有序结构的内在驱动力，促使系统产生质变，进而形成协同效应；二是支配原理，内部各要素对系统影响存在差异和不平衡，不同的影响随着系统的变化而演变，进而呈现支配性变量和潜在性变量，这些变量交替作用导致系统的质变，进而影响系统演化的全局；三是自组织原理，系统形成有序结构以后，其体现出系统内部运动的自生性和内在性，进而形成内在规则和组织框架。

协同本质就是强调协调一致、统筹结合。协同理论与马克思主义的唯物辩证法高度吻合，也符合习近平新时代中国特色社会主义思想所蕴含的协调发展理念。马克思主义哲学关于对立统一的规律是唯物辩证法的核心和实质，它揭示了任何事物都包含着矛盾，其斗争性和同一性更是一道促使事物的不断演化和发展，作为发展的根本动力，就是要善于激活矛盾的动力、协调矛盾的冲突。对于矛盾的对立统一运动规律，毛泽东同志据之提出"弹钢琴"的统筹兼顾工作思想。邓小平同志提出"现代化建设需要综合平衡"和系列"两手抓"战略。

习近平同志的协调发展理念集中体现了马克思主义唯物辩证法的矛盾运动规律，强调发展的整体性协调性，"有上则有下，有此则有彼"，也与协同理论高度切合。习近平同志的协同发展理念核心要义有：（1）协调对发展尤为重要，是手段，也是目标，更是评价基准。（2）两点论和重点论需要通过协调加以统一，任何发展都内含发展的优势，也存在发展的困难因素，因此发展的思路不仅要突破困难、克服困难，而且重点还需要充分发挥发展的优势、突出发展优势的功能和作用，进而推进高质量的发展。（3）平衡发展和不平衡发展的有机统一也是依靠协调，其中发展基本规律是平衡重点突破产生不平衡，不平衡通过协调又推进整体发展，由此实现再平衡。（4）协调要将发展的薄弱之处与潜在机会有机统一起来。

个人信息的价值是主体共同合作创造、共同维系的结果。大数据和人工智能的发展和应用，个人信息的挖掘与共享已成为数字经济时代的必然趋势。在巨大的数字经济红利下，信息处理者往往会多渠道收集个人信息，加工、挖掘海量的个人信息中所蕴藏的经济价值。数字经济也是以习近平同志为核心的党中央重点关注的发展新机遇、发展新动能和经济新增长点，习近平总书记在 2020 年亚太经合组织会议倡导，全球的重要发展方向是数字经济，应遵循数字经济路线图，认真抓好数字基础设施建设。作为数字经济基础的数据要素，个人信息从生产到应用，经历收集、整理、加工等多个环节，任何处理环节都有可能使得人类暴露在巨大的风险之中，对其保护也是数字经济的底线。我国现行的个人信息保护模式及其运行机制，是基于个人信息的个体性特征建构的自主控制模式，这种模式不仅会给信息主体和信息处理者制造难题，也会出现保护不足或保护过度的情形，这种此消彼长的关系不利于个人信息处理活动中各方参与主体之间相互合作。消除上述困境，需要以习近平新时代中国特色社会主义思想的协调发展理念为指引，结合协同理论、搭建协同机制、激发协同作用和发挥协同效应，以社会秩序的稳定性、参与主体的多元性、系统演化的动态与系统组织的协同性作为个人信息保护和治理的依据。建立以权利协同降低交易成本为基础、以规则协同保障制度效率、以行为演化协同促进制度演化创新的多元参与合作网络，以合作促进协同，以协同保护促进信息共享，实现保护和利用在同一向度上的数字经济高质量发展目标。

第三节 个人信息保护的理论分析框架

一 现有个人信息保护理论分析框架的局限性

个人信息的纯法学理论研究难以对数字经济时代个人信息协同保护进行系统性分析。目前，对个人信息保护制度的研究主要集中在法学领域。法学学者在面对法律与信息革命和数字经济发展形成的时滞，大多从法律内部系统的角度，采用推理、概念界定等手段，探索弥合个人信息保护与大数据发展的间隙，试图寻求现实与制度之间的契合。这种单纯法律方法对个人信息保护与数字经济发展之间的矛盾发掘，很大程度上依赖于研究者自身的理论认知与价值判断，对个人信息保护制度存在问题的揭示存在一定偶然性和随机性，对保护和促进数据流通利用这种显著疑难的问题缺乏系统分析。

二 个人信息保护理论分析框架的构建

鉴于现有个人信息保护的理论分析框架的问题，本书以协同理念为指引，"法学立基础、经济学促融合"，结合法经济学的产权交易理论、效率理论、演化理论，试图构建"权利配置、规则适用、行为激励"的个人信息协同保护理论分析框架。具体来说：

第一，创建个人信息协同保护的理论体系。现有研究发现，大数据冲击传统个人信息保护制度，知情同意效能减弱、市场主体力量失衡，权利呈现多样化、细致化，利益平衡机制失灵，保护问题更加复杂化，需要建立更为协调、更为全面的理论体系。本书提出协同是个人信息保护的核心和关键，并据此提出"权利配置、规则适用、行为激励"三位一体的个人信息协同保护制度的理论体系，即以个人信息"权利束"的产权分析为指导，形成个人信息"权利束"内在目标、原则和体系协同；以"卡—梅框架"效率分析为指导，形成以管制规则为统领，以财产规则、责任规则为核心，以禁易规则、无为规则为后援性所构成的规则菜单内在协同；以演化博弈的合作行为分析为指导，形成信息主体、信息处理者和政府三方的行为协同。

第二，对个人信息协同保护制度理论进行案例检验。针对个人信息保护的"权利、规则和行为"协同理论，本书深入解剖"腾讯与抖音的用户头像和昵称之争"典型案例的权利逻辑、规则适用和行为特征，从而探究协同理论对具体案例的实践指导价值和意义。

　　第三，理论结合实践展开对策研究。以理论研究和案例分析为基础，紧密结合我国不断提速的数字经济现实需求，理论为引、实务为基，从价值要素、协同机制和协同路径重点研究如何构建我国个人信息协同保护的制度，考察主体实质参与、共享动机、行动能力等要素，分析利益均衡、公私权冲突和激励相容问题，准确定位政府、信息主体、信息处理者、社群组织的职能，从而总结形成价值导向、运行机制和具体实现路径的理论与实践相结合的对策措施，为个人信息协同保护的顶层设计提供决策参考。

第 三 章

个人信息保护的权利协同

数字经济的发展，个人信息成为其价值创造和价值实现的新资源，党的十九届四中全会也将以个人信息为中心的数据列为生产要素，与土地、劳动力、资本、技术并列，完善个人信息的权利界定和配置，是个人信息共享形成大数据的前提，也是个人信息制度化保护的基础。对此，本章按照"产权界定降低交易成本"的理论逻辑，借助于新制度经济学"权利束"的产权理论，充分考虑个人信息生产和利用的特殊性，从束体和束点两个维度揭示个人信息权利归属及权利交易共享的可能性与方式，明晰个人信息"权利束"的组成及边界，进而以协同的思想逻辑，提出权利目标、原则和体系的内在协同，奠定协同保护制度基础。

第一节 "权利束"——法和经济学的内在耦合

一 "权利束"：个人信息保护的产权理论

首先，"权利束"源自产权经济学，是产权的重要特征。"权利束"概念最初由产权经济学学者德姆塞茨提出，他认为产权就是由很多子权利构成的权利系统，是依附于某项财产而形成的"一组权利"（a bundle of rights）①。从权利束的视阈来看，产权与所有权具有明显区别，产权是由收益、转让等各种子权利构成的权利束，产权是"系统"或"总量"的概念，每项子权利都被看作权利束的系统组成部分，不同子权利的排列组合影响产权结构和作用，而所有权意指对某项财产的整体享有，是产权的核心组成部分。巴泽尔根据德姆塞茨关于"权利束"的内涵，进一步研究财产"权利束"的基本属性。在巴泽尔看来，财产"权利束"具有可分割性，一组财产权利可以细分为各种子权利，通过对每项子权利的细分和明确界定，使得每项子权利都具有"名分"，成为一个独立的"核算单位"，这种通过对捆绑财产权利进行分割，使得多个主体可以同时拥有同一财产的不同功能和属性，对财产的不同功能和属性进行分配和交易，在降低交易成本的同时，达到增加财产净收益的效果，进一步提高资源的配置效率②。

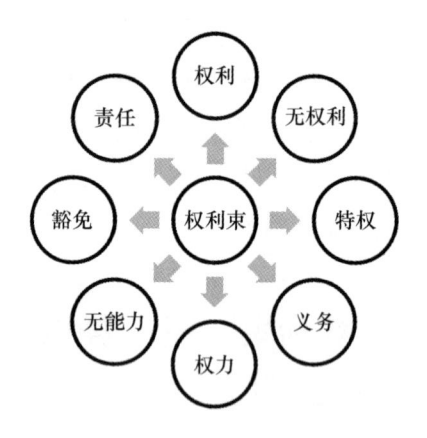

图3-1 "权利束"的要素

---

① 参见［美］哈罗德·德姆塞茨《关于产权的理论》，载于《财产权利与制度变迁》，上海三联书店1991年版，第96—97页。

② 参见［以］约拉姆·巴泽尔《产权的经济分析》，费方域、段毅才译，上海人民出版社1997年版，第132页。

其次，权利束与财产法上财产权的关系。19世纪末20世纪初，韦斯利·霍菲尔德在其研究[①]中指出，法律中的财产权并非仅指物的所有权，而是一束权利（Ownership as a bundle of right），该权利束由八种要素构成[②]，权利人可以通过一系列的诸如命令、禁止等行为来作用或影响他人行为。霍菲尔德这种"去物化"的产权概念，使得传统财产的内涵和外延得到进一步扩展，财产权在实践中的运用更加灵活和方便。1936年《财产法重述》（Restatement of Property）采纳了"权利束"观点，尔后"权利束"这一概念逐步在法学领域进行传播并广泛应用。在法学研究中，法学学者主要将"权利束"理论应用于财产权领域，旨在用该概念描述某项财产存在多种集合权利的情况。在19世纪中后期，财产的范畴已突破了"物"的范畴，除了传统意义上的财产以"物"为客体外，有价值的利益已成为法律意义上的财产权客体。随着经济发展，各种新型财产出现，一种财产上以多元主体存在逐渐显现，以"权利束"描述财产权概念不仅可以对新型财产类型进行诠释，还能拓展传统财产权范畴，使得各种权利、利益、主张，都能归集为产权或"权利束"，此时"权利束"的使用频率已经与产权应用频次相似，能够对不同财产类型的利益诉求和权利交易进行全方位的保护[③]。

最后，权利束的适用性。传统财产权主要体现为"一物一权"，一项财产大多只设一种权利。随着技术创新和发展，同一财产上存在多元与多样的利益可能，表现为主体多元、内容多样。主体多元，即在同一种资源上存在两个或两个以上的权利主体；内容多样，即财产固有的权利，包括自物权和他物权，细分为所有权、抵

[①] See Wesley, N. H., "Some Fundamental Legal Conceptions as Applied in Judicial Reasoning", *The Yale Law Journal*, Vol. 23, No. 1, 1913, pp. 16–59.

[②] 霍菲尔德在《司法推理中应用的基本法律概念》一文中，提出权利束包括狭义的权利、无权利、特权、狭义义务、权力、无能力、豁免和责任八种要素。

[③] 参见冉昊《法经济学中的"财产权"怎么了？——一个民法学人的困惑》，《华东政法大学学报》2015年第2期。

押权、用益权等各种子权利。现代财产权的主体多元、内容多样的特征，传统产权理论难以将多个主体的集合权利进行统一研究。借助于"权利束"理论来描述现代产权，不仅能够解决传统产权理论无法应对主体多元、内容多样、价值标准多重等问题，还能从整体上对各主体间权利边界进行规范，进而为权利主张与救济提供理论支持。

二 "权利束"的核心构造

"权利束"由束体和束点组成。"权利束"通过束体、束点对一项财产进行统合分析。束体是"权利束"的基点，是权利共同指称的客体或对象，决定着权利主体的数量、种类，为价值衡量和规则适用提供物质基础。束点是"权利束"得以形成的核心，是主体共同作用于束体所形成的利益表达。

（一）束体

束体是一束权利共同所指称的客体、标的或对象，是参与主体之间发生权利义务关系的中介和连接点，也是一组权利来源或生成的基础。束体是产权理论所指的某项财产，在"权利束"理论指导下的权利构建和制度设计中起着重要作用。

首先，束体是财产和权利统筹起来的阿基米德支点。权利就是主体基于束体而产生利益上的法律关系。束体是利益的具体承载者，是主体主张权利的对象，是权利结构的媒介。倘若没有束体作为客体、标的或对象，主客体的法律关系不会存在，利益诉求就没有相应依据，进而权利制度安排就会失去根基。在制度经济学语境中，财产标的就是这组"权利束"的束体，而法学语境中则是指"物"或利益，其中物包括有体物和无体物，如同土地上形成的所有权、承包权和经营权，束体就是这一宗土地；又如著作权，无论是人格权还是财产权，都是指向"作品"这一束体。倘若脱离束体研究权利内容及其如何保护，都不能更好地实现权利。

其次，束体决定权利的内容，权利是束体的制度外衣。一项权利制度形成的前提是存在束体，即"物"或利益，并沿着束体—利益关系—权利制度确认的顺序推进。随着科技发展和社会进步，束体的外延呈动态调整并存在扩大的趋势，样态和结构特征也会随之变动，从而产生新的利益源泉和利益诉求，形成新的利益关系进而需要立法予以确认并进行制度设计。

（二）束点

利益诉求推动"权利束"的成形。权利是社会成员在社会交往中的自由的边界和行动界限，是社会成员对利益的享有。利益诉求是权利产生的来源，权利是利益诉求的法定化。一束权利的形成，在于一个共同的物质有着多种用途和收益，不同主体对其产生不同的利益诉求，且不同主体之间的利益是异质利益。倘若没有利益诉求的存在，就不会基于同一束体形成权利集合。在农村土地研究中，探索和创新"三权分置"正是权利束的典型。《民法典》明确了农村土地"三权分置"，三方主体的合法权益均受到法律保护。土地所有者、承包者和经营者基于同一宗土地产生不同利益诉求，从而形成所有权、承包权、经营权的三权捆绑。因此，以利益最大化为目的驱动权利集合，"权利束"的束点即利益。

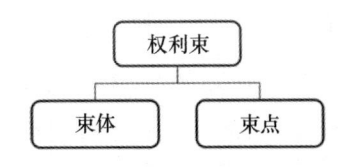

图 3-2 "权利束"的核心构造

三 交易成本视角下的个人信息"权利束"解读

《民法典》明确了个人信息以法益的方式加以保护，尚未对数据的保护加以明确。《民法典》第 110 条第一款规定了自然人的各种民事权利①，以上权利措辞均带有"权"，在条文结尾处还以"等权利"作为兜底式收尾。而在《民法典》第 111 条对个人信息的规定则不同。第 111 条前段规定："自然人的个人信息受法律保护"，"个人信息"未冠以"个人信息权"，由此可以看出我国个人信息采用法益的保护模式，仅对个人信息利益做出保护性规定，宣示了个人信息法律保护的基本立场，而不属于确权规范，没有确立具备权利特征的"个人信息权"。在信息处理者方面，仅《民法典》第 127 条把"数据"作为规范对象，第 1037 条、1038 条从反向规定了在个人信息处理活动中信息处理者的义务和免责事由，但在"物权编"对处理者持有的个人信息是否享有权利、享有何种权利，以及这种权利受到侵害后如何救济，尚未明确。

个人信息保护效率的提高，需要构建个人信息"权利束"，消除交易成本引发的交易障碍，以促进个人信息的自由交易。根据产权交易理论，在交易成本为正的现实世界，产权的初始界定对经济运行有着重要影响，倘若没有权利资源的配置安排，无法通过权利交易实现财富最大化。围绕个人信息处理活动的诸多参与者，尤其是在作为个人信息生产的信息主体和个人信息处理的企业之间，如何进行初始权利界定，以及依据何种逻辑对各方参与主体配置权利，成为当下个人信息"权利束"构建的核心要点。个人信息在不同的处理阶段，信息样态、参与主体与之强弱关系及贡献大小均有所不同，机械地将权利赋予信息主体或信息处理者，容易造成信息主体与信息处理者的利益失衡，因而亟须调整思路和方法，将"权利束"概念运用到个人信息保护领域以重构新的个人信息权利体系。

（一）交易成本指引个人信息的权利安排

交易成本是西方新制度经济学的核心概念，是指社会成员在资

---

① 《民法典》第 110 条："自然人享有生命权、身体权、健康权、姓名权、肖像权、名誉权、荣誉权、隐私权、婚姻自主权等权利。"

源交换过程中所支付的成本。在交易成本为零的完全竞争世界,权利、法律等非市场制度存在与否不重要,"看不见的手"的市场足够使资源配置达到帕累托最优状态。然而,在真实的世界交易成本不可能为零,现实状态下的交易成本极有可能很高,从而产生两方面的效应[1]。一方面,过高的交易成本会导致现实中可能出现的交易被扼杀,使之难以从潜在可能变为现实,极有可能导致社会产品交易不能实现,从而产生财富损失;另一方面,交易成本的高低,是契约、制度设计的主要考量因素,不同的交易成本决定了不同的契约和制度安排。权利产生于交易过程,交易成本是权利的消减。交易成本对个人信息保护的制度安排、解决个人信息纷争起着导向性作用,是用以解释个人信息"权利束"安排的重要理论。在交易成本大于零的现实生活中,个人信息权利配置不仅理论上要促进个人信息保护,还应满足实践中实现以较低的交易成本满足交易需求,做到理论与实践的自洽。个人信息处理活动中各方主体的权利安排,需要充分考虑各方参与主体的利益和交易成本的大小,恰当配置权利资源,建立符合成本最小而收益最大的个人信息"权利束"。

(二) 个人信息的权利配置反映多种用途的价值导向

个人信息权利配置是基于信息资源的分配和使用,实现对个人信息的多种用途的选择,反映社会成员对个人信息资源的占有、使用、收益。不同的权利安排、交易成本大小影响资源配置的效率。将个人信息引入"权利束"理论的范畴加以研究,对个人信息处理活动中各参与主体权利的初始界定,才能降低个人信息交易成本,进而促进个人信息自由交易。为此,个人信息处理市场的权利初始分配,应采用能够把交易成本降到最低的资源配置方式。界定权利、配置权利需要由法律来运行,只有通过合理的法律安排以明晰

---

[1] 参见张五常《经济解释——张五常经济论文选》,商务印书馆2000年版,第102页。

在不同处理环节上参与主体的权利,个人信息保护和利用的经济效率才能得以体现,才能保障社会成员的"财富最大化"。同时,当出现侵权行为时,权利主体才能根据法律规则取得相应救济权。

(三)个人信息的权利安排化解成本、增进效益

权利安排增进可预见性,扩展行为人的有限理性,减少知识搜寻成本,使其能够对权利制度迅速做出反应和行动。权利是决定资源配置和追逐市场利润的基本制度。数字经济时代的个人信息保护和利用关系的矛盾,源自资源的稀缺和对利润的追逐,而权利正是对资源配置和市场逐利的制度安排,个人信息保护和利用、各方参与主体的诉求,均以权利为基础并围绕权利交易展开。因此,对个人信息处理活动中各方主体的初始权利界定,完善权利资源配置,可以使市场参与主体在个人信息处理活动中形成合理预期,从而降低权利不合理引致的不确定性风险和高交易成本。

第二节 个人信息"权利束"的产权界定

对不同类型的财产进行产权界定分析,应从该项财产独特性出发,探寻其本身固有和流转中形成的特性,采取具体问题具体分析的方法。德姆塞茨认为,产权就是使自己获益或使他人遭受损失的权利[1],倘若权利进行界定不明晰,权利的市场交易就丧失本源和基础[2]。从现代产权理论来看,依据不同标准产权可划分为不同类型,同一财产上可能并列存在多种产权类型,此种情形下极其适合运用"权利束"框架进行产权界定分析,使之更契合公平和效率原则。根据个人信息本身特性及利用过程中的变化规律,并基于前述

---

[1] See Demsetz, H., "Toward a Theory of Property Rights", *The American Economic Review*, Vol. 57, No. 2, 1967, pp. 347–359.

[2] 参见[美]罗纳德·哈里·科斯《企业、市场与法律》,盛洪、陈郁等译校,上海三联书店1990年版,第174页。

关于"权利束"的理论探讨，将个人信息保护置于"权利束"框架下研究，通过分层和分段解构确定个人信息产权配置的两个维度，即束体和束点。同时，对束体的解构，探究不同阶段的形态变化和价值增值规律，并考察各方参与主体的贡献大小及强弱关系变化，对可能权项的分层、解构并重构，形成一套完整且配置合理的权利谱系，为降低个人信息交易成本、促进个人信息流通和利用提供基础性保障。

一　束体维度：个人信息权利的分段解构

个人信息保护本质是围绕个人信息处理行为中各方利益的维护，面对个人信息处理全生命周期中所呈现的易变性、重复利用性、公共性等特征[①]，需要将个人信息流转中主体、行为、过程进行有效的统合，以动态视角考察个人信息处理过程中束体变化，以分析在各参与主体与个人信息多功能属性的融合中，所产生的数据价值的增值与创新的贡献大小，从而明确各方应配置何种权利。

在个人信息处理的全生命周期中，信息处理行为具有时间先后性和逻辑关联性、递进性及往复性，信息处理大致可分为收集、整理、加工及应用四阶段。在四个阶段中，根据主体与信息的关系变化和信息本身样态变化，信息分别表现为原始信息、事实信息、衍生信息和派生信息四类。

（一）收集

个人信息收集是个人信息处理活动的逻辑起点，是指信息处理者经信息主体授权和同意，以收集、捕获信息主体信息的行为。个人信息收集主要是信息处理者通过 Web 端和 App 端所采集个人基本信息如邮箱、行为信息如网页浏览、出行记录等信息采集活动。收集阶段个人信息主要来源信息主体在消费终端主动填写、录入的

[①] 参见陈兵、顾丹丹《数字经济下数据共享理路的反思与再造——以数据类型化考察为视角》，《上海财经大学学报》2020 年第 2 期。

个人信息，以及人机交互自动形成的信息。此阶段的信息非经信息处理者任何加工和整合的二次处理，因此属于个人原始信息范畴。

（二）整理

个人信息整理是指信息处理者将已收集的个人信息进行分类、梳理，能够对信息主体"人像"的具象化行为。此阶段的整理是信息处理者初次对原始的个人信息进行简单处理和集合，信息内容主要表现为对信息主体"人像"进行刻画，是信息主体的个人身份特征的揭示，具有高度还原性，因此属于个人事实信息。

（三）加工

个人事实信息经过信息处理者的初次整合及处理后，通过计算系统进行建模、分析和计算，运用匿名化、去标识化等个人信息算法技术，对个人信息的个人性、身份性进行处理，使之不再识别到具体个人。此阶段主要表现为以事实信息为原材料，加工成为"去分散化""去杂乱化"的衍生信息。

（四）应用

经过加工处理的衍生信息进入信息应用层，包括信息服务和信息利用。信息服务是指通过接口应用化的方式对外提供信息服务，是借助于平台完成简单或复杂的信息查询及实时的信息推送。信息服务主要是服务型互联网企业通过开放平台服务端口使外部程序接入服务，第三方应用平台通过接入该软件系统，并根据自身经营情况，增加或使用该软件系统的信息。信息利用是将已加工完成的衍生信息输送到各类企业，使之与不同产品开发或服务相结合并进行深度加工，从而形成新的数据资产。此阶段的应用表现为，信息处理者基于自身经营管理，结合特定技术对第三处理阶段的衍生信息再次进行深度处理，形成永久不能识别到个人的派生信息。

以上分析表明，个人信息在收集、整理、加工和应用四个阶段存在不同样态，具体为原始信息、事实信息、衍生信息和派生信息。从价值创造角度分析，在个人信息处理的各阶段，个人信息的价值随其物理样态的变化而变化。

生命周期 > 收集 > 整理 > 加工 > 应用

样态变化 > 原始信息 > 事实信息 > 衍生信息 > 派生信息

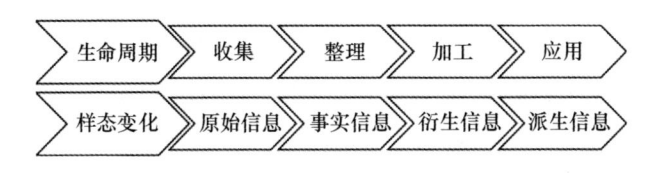

图 3-3　个人信息生命周期和样态变化关系

二　束点维度：个人信息权利的分层解构

个人信息在生命周期的各阶段表现的不同样态，揭示出不同阶段的价值生成，以及这一束体之上多元主体的利益诉求，他们的利益共性正是"权利束"的束点。厘清个人信息权利束点，本书沿以下思路展开。

首先，梳理个人信息权利束点的多元主体。从个人信息的全生命周期来看，大数据起源于信息主体的网络接入行为，对信息主体进行赋权是权利配置的起点。信息处理者同样付出劳动和资金投入，他与信息主体都是信息处理活动的主要参与者，赋予其相对稳定的权利有利于数据资源的优化配置与激励机制的形成。但具体赋予什么权利，应在数字经济的思维下，遵循个人信息是由信息主体引发产生的逻辑起点，以有利于在降低交易成本的条件下进行，进而促进共建共享的数字生态。从个人信息收集到应用的整个过程，二者与信息之间的关系随着个人信息样态的变化呈此消彼长的转化，在价值创造的贡献程度大小方面也随之变动。需要注意的是，政府在个人信息处理过程中，同时扮演着两种角色：一是个人信息保护政策的制定者和监管者。在这一角色中，政府将信息处理活动视为其监管的对象，对信息主体、信息处理者的收集、整理、加工和应用制定行为规则与条件并进行监管。二是政府本身也是信息处理者，也要受到政府自己制定的法规政策的约束，政府采集和利用个人信息的权力也不是一种绝对的、不受约束的权力。

其次，研究多元主体之间相互关系。在信息收集和整理阶段，信息主要是信息主体的原本样态，信息表现为原始的、真实的个人信息，如出行信息、医院的病历记录、社交网络账号等，"个人"特征突出，因此信息主体与信息之间呈现出强关系联结，信息处理者与信息之间关系相对较弱，其在这两阶段对信息价值创造的贡献度不高。在信息加工和应用阶段，信息样态的形成主要源于信息处理者通过大数据技术挖掘、分析获得的衍生信息和派生信息，信息主体与信息之间的强劲关系逐步减弱，与之相对的是信息处理者与信息之间呈现出强关系联结。信息主体、信息处理者与信息之间这种主客体此消彼长的强弱关系，体现了主体在不同信息样态上的价值贡献大小差异。

最后，整理多元主体的共性利益。束体样态变化形成不同法律关系，决定了束点变化。归纳以上信息处理四阶段信息样态变化，可以发现个人信息存在于两种形式：一是海量个人信息集中形成一个"信息池"，此类"信息池"具有可直接或间接识别到具体个人，因而仍是个人信息。二是经过匿名、脱敏等技术加工处理后的信息积聚形成的"数据池"，此类"数据池"无法追踪到具体个人，不再具有可识别性，因此不再属于个人信息，如信息处理者经过脱敏处理形成的销售记录。以上两种个人信息存在的形式，衍生出两种法律关系和权利关系。在第一种法律关系中，大多数信息由个人直接生成，可以直接或间接识别到个人，是信息主体的人格和财产的重要构成要素，信息主体对自己的信息享有绝对权利，即个人信息权；信息处理者付出一定的劳动和资金投入，在信息样态变化中起到一定作用，赋予其一定权利有利于信息资源的优化配置与激励机制的形成。因此，信息处理者的权利基于来源上的特殊性而具有不完备性，可在授权目的范围内，根据他物权原则设置信息用益权。当个人信息权与信息用益权出现冲突时，应对后者进行限缩，使其成为受到信息主体权利限制的不完全权利。在第二种法律关系中，信息处理者在信息样态变化和价值增值中起着巨大作用。个人信息经过清洗基础处理，其人格因素已被洗除，信息已经脱离信息主体的束缚，成为真正意义上的非个人数据，此时信息主体不再享有任何权益，而信息处理者对其加工、建模等劳动、技术和资本投入，享有完全权利，即数据资产权。这样形成了个人信息权、数据权和监管权的三元权利结构，以实现用户与企业之间数据财产权益的均衡配置。

根据前述对束点的全面分析，针对多元主体一一整理出各自的权利具体体现，分别总结如下：

（一）信息主体：个人信息权

一是知情同意权。《民法典》第 1035 条规定了个人信息处理的基本原则，同时规定了个人信息处理必须经过信息主体的同意，即知情同意权[①]。知情同意是指信息处理者应就有关个人信息处理相关情况充分告知，让信息主体知情并征得同意[②]。从国内外个人信息保护立法和实践来看，知情同意原则作为数字经济时代的个人信息保护的重要原则，是个人信息安全和个人信息合理利用的"第一道防线"[③]，已成为个人信息保护的主要趋势，是个人信息保护的普通规则。

二是拒绝权。《民法典》第 1036 条第 2 项规定了信息主体享有拒绝权利。一般而言，对于信息主体自己已经公开或他人已经合法公开的个人信息，成为信息处理者的合理使用，但当信息主

[①] 《民法典》第 1035 条规定，处理个人信息的，应当遵循合法、正当、必要原则，不得过度处理，并符合下列条件：（一）征得该自然人或者其监护人同意，但是法律、行政法规另有规定的除外；（二）公开处理信息的规则；（三）明示处理信息的目的、方式和范围；（四）不违反法律、行政法规的规定和双方的约定。个人信息的处理包括个人信息的收集、存储、使用、加工、传输、提供、公开等。

[②] 参见齐爱民《信息法原论》，武汉大学出版社 2010 年版，第 80 页。

[③] See Wertheimer, A., "Consent and Sexual Relations", *Legal Theory*, Vol. 2, No. 2, 1996, pp. 89–112.

体明确拒绝或不同意使用时，信息处理者也不得使用，这就是《民法典》所规定的拒绝权。在欧盟《一般数据保护条例》第21条中，同样规定了信息主体享有拒绝权。相对而言，欧盟《一般数据保护条例》规定的拒绝范围远远大于我国《民法典》第1036条的规定，只有当信息处理者能够提供证据证明其处理行为所维护的利益大于信息主体的利益，否则信息主体都可以拒绝和反对信息处理者处理个人信息。同时，对超出必要的公共利益目的的处理，即使是用于科研、统计等目的，信息主体同样可以拒绝个人信息被处理。

三是查阅权、复制权。《民法典》第1037条规定信息主体的查阅权、复制权[①]。根据该条规定，信息主体有权查询、复制其个人信息，以便知晓个人信息被处理的情况。查询、复制个人信息是信息主体主张更正、删除权利的基础[②]。如果不能查阅、复制，信息主体就无从知晓自己信息被谁、以何种方式、用于何种目的的处理，也就难以发现个人信息处理的错误或违法情形，因而不可能及时提出异议并要求更正、删除，不利于信息传播和扩散，也不利于提升数据质量。从域外法视角来看，《民法典》查阅权与GDPR中的访问权相似、复制权与GDPR规定的携带权类似但有较大区别。GDPR规定了处理者需要提供"有结构的、一般来说可使用的和机器可读的"[③]形式的信息，且信息主体可以直接要求其个人信息在不同处理者之间传送。可携带权不仅维护个人信息的主体性，还能减少数据垄断，促进数据流动和开发创新。

四是更正权、删除权。《民法典》第1037条还规定信息主体的

---

① 《民法典》第1037条第1款规定，自然人可以依法向信息处理者查阅或者复制其个人信息。
② 参见黄薇《中华人民共和国民法典人格权编解读》，中国法制出版社2020年版，第184页。
③ 参见李蕾《数据可携带权：结构、归类与属性》，《中国科技论坛》2018年第6期。

更正权、删除权[1]。更正权是指信息主体对不正确、不全面的个人信息，有权要求信息处理者更新、补全。删除权是指当个人信息处理方式不合法、处理目的已完成或处理期限已经届满时，信息主体要求信息处理者删除其已收集或掌握的个人信息。更正权、删除权的行使，需要建立在该信息确实有错误或违反法律法规合同的基础上，信息主体才可提出，且没有明确信息处理者是否有义务对该请求进行响应。提出异议并要求更正的权利可以指向 GDPR 中的改正权，但 GDPR 不仅在信息有误时可以请求更正，若信息主体认为信息不完全，也可请求进一步完善或更正。

五是可携带权、限制处理权、被遗忘权。我国《民法典》没有规定可携带权，其所规定的复制权与欧盟《一般数据保护条例》第 20 条规定的数据可携带权具有一定相似性。可携带权是 GDPR 为信息主体设定的新型权利，在法律规定的情景下，信息主体可以要求信息处理者无条件将业已加工整理完成且机器可读、能够广泛使用的个人信息移转到另一个信息处理者[2]。可携带权的行使，必须是符合法定情形，且不能对第三人的权利和自由以及社会公共利益造成不利影响。赋予信息主体可携带权，具有两方面的积极作用：一是维护个人的主体性，二是限制数据垄断和鼓励数据创新。

GDPR 还赋予了信息主体被遗忘权和限制处理权，并对这些权利的适用条件和对信息处理者的响应设置了具体严格的要求。《民法典》规定了删除权但没有规定被遗忘权，被遗忘权和删除权具有相似性但有较大不同，主要表现在主体和内容上：在主体方面，删除主体是违法或错误将个人信息在网络上散布的人，被遗忘的主体除了上传个人信息的行为人外，还包含各大搜索引擎服务商；在内

---

[1] 《民法典》第 1037 条第 1、2 款规定，自然人可以依法向信息处理者查阅或者复制其个人信息；发现信息有错误的，有权提出异议并请求及时采取更正等必要措施。自然人发现信息处理者违反法律、行政法规的规定或者双方的约定处理其个人信息的，有权请求信息处理者及时删除。

[2] 参见李蕾《数据可携带权：结构、归类与属性》，《中国科技论坛》2018 年第 6 期。

容上,删除的是违法或错误发布的个人信息,而被遗忘的不限于手段、方式是否违法,也不限于内容是否错误①。在欧盟 GDPR 中,规定了被遗忘权行使的六种情形,同时也规定了限制这一权利的五种情形②。GDPR 规定了四种限制处理的情形:信息主体怀疑数据的准确性、非法处理个人信息但个人不要求删除、处理者不再需要但信息主体行使合法权利而要求保留、在确认信息主体优先权之前。当数据处理受到限制时,非经信息主体同意,信息处理者不能进行除存储之外的处理行为。同时当数据处理的限制被取消时,处理者应当及时通知信息主体。

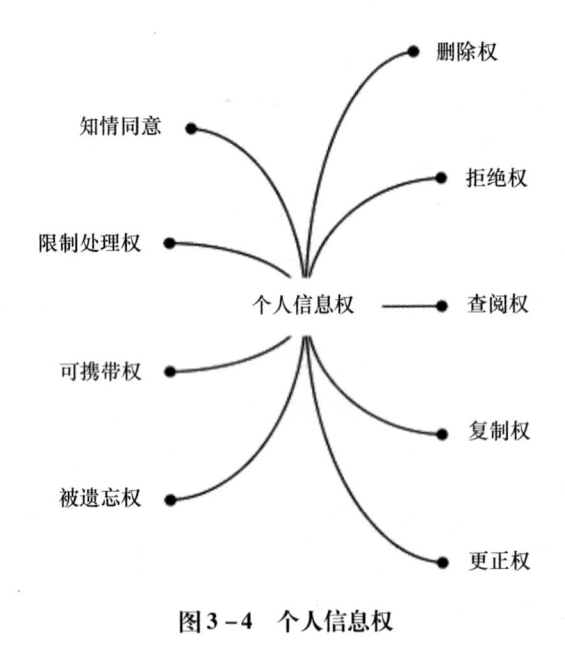

图 3-4 个人信息权

---

① 参见黄薇《中华人民共和国民法典人格权编解读》,中国法制出版社 2020 年版,第 228 页。

② 《通用数据保护条例》(General Data Protection Regulation,简称 GDPR)限制被遗忘权行使的五种情形为:(1)为了信息自由或言论自由;(2)为了遵守欧盟或成员国的法律;(3)为了公共利益或被委托行使公权力时;(4)为了公共卫生领域的公共利益;(5)出于公共利益的存档目的、科学或历史研究目的或统计目的。

第十三届全国人大常委会第二十二次会议对《个人信息保护法（草案）》进行了审议，于 2020 年 10 月 21 日进入了公开征求意见阶段，随后 2021 年全国人大公布施行《个人信息保护法》。总体而言，《保护法》借鉴 GDPR 思路，以为信息主体赋权的方式，进一步丰富了信息主体权利内容，在第四章明确规定信息主体的各种权利，譬如：第 44 条规定了信息主体对其个人信息的处理有权知情并做出是否同意的决定，也有权对他人处理其信息进行限制、拒绝；第 45 条赋予了信息主体查阅、复制权；第 46 条规定了更正、补充的权利；第 47 条规定了删除和限制处理的权利。《保护法》对个人信息权的配置相对完备，有利于规范个人信息处理市场，对促进数字经济高质量发展有着重要意义。

（二）信息处理者：数据权

信息处理者的处理行为决定了个人信息样态变化，在处理过程中信息处理者的作用由弱到强呈递进关系，对信息价值创造的贡献也由小到大地逐渐变动。因此，信息处理者的利益应随其在信息处理的各阶段呈动态变动，权利也应随信息的样态变化和价值贡献两方面进行调整。在不同层次的法律关系中，权利的完备性不同，信息处理者对信息的支配力由处理阶段的递进形成部分支配力到完全支配力，最终形成由他物权逐步转向自物权的权利体系。在第一层次关系中，个人信息属于信息主体所有，信息处理者可以享有不完全支配力的他物权，即信息用益权。第二层次关系中，个人信息的人格因素因信息处理者的清洗、匿名等技术渗入不再具备，信息处理者享有完全支配力的自物权，也就是数据资产权。具体而言，信息处理者在信息处理的全生命周期中享有数据权的基本权利，基于信息处理者的个人信息样态变化和价值贡献大小，以及由此体现的两层法律关系，数据权包含用益权和资产权两项子权利，由占有、使用、收益和处分四项权能构成。一是占有。信息处理者借助于光盘、云盘等信息存储设备，从而实现永久或临时占有和控制个人信息。占有是信息处理者处理个人信息的基础,没有占有相应数据信息,就不可能使用、收益和处分该数据信息。随着个人信息生产和收集量的剧增,个人信息泄露事件频频发生,信息安全对信息处理者的占有、储存要求更加严格。二是使用。使用是信息处理者根据自身经营目的,结合大数据技术对个人信息进行计算、建模、分析,对其进行多次开发和利用,发现数据相关性和规律性,用以分析过去、认知现在和预测未来。信息处理者获取收益的核心在于对个人信息的使用,使用是获取收益的手段。三是收益。处理者对其持有或掌握的数据享有收益的权能。数字经济时代的信息处理者基本上为互联网大公司,取得数据收益是其从事经营的主要目的。信息处理者的收益可分为直接收益和间接收益,前者如将持有数据出售所获得的金钱对价,后者如对持有数据进行再加工,从而形成更高价值的新数据。譬如,腾讯公司基于开发者协议,许可对QQ、微信头像作为抖音入口接入其数据系统,就能获得相应的财产收益。四是处分。信息处理者有权根据自己经营管理的需求,将其掌握和占有的信息许可或转让他人使用。转让、许可能够有效促进个人信息流通和开发创新,提升个人信息的使用价值进而释放更大的数据红利。譬如,腾讯通过微信/QQ开放平台的OpenAPI接口许可第三方抖音接入系统,调用腾讯已获取的数据,以方便用户用微信/QQ账户一键登录抖音。

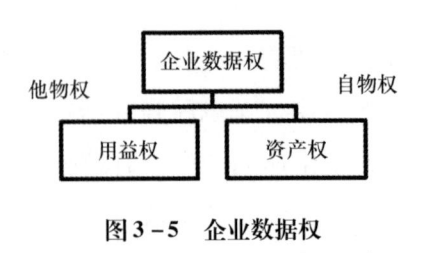

图 3-5 企业数据权

(三) 政府:监督管理权

在"权利束"视阈下研究个人信息有关权利,促进个人信息充分流动，强化权利交换，应将政府一并纳入考量。政府在个人信息处理活动中，既是个人信息保护政策的制定者和监管者，设置信息处理规则与条件并对执行情况进行监管，又是信息处理者，同样受到个人信息处理的相关法律法规的约束。政府的双重身份决定了政府在个人信息处理中的权力，即作为监管者身份的监督权和作为使用者的管理权。

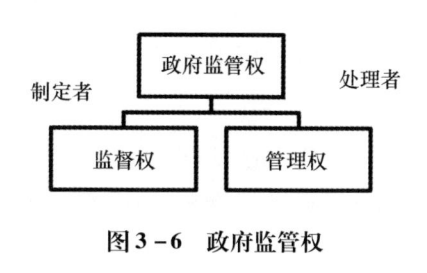

图 3-6 政府监管权

一是监督权。政府作为个人信息政策和规则制定者与监管者，将个人信息视为治理的对象，对个人信息在社会中的流动制定政策并监督执行，为信息主体、信息处理者以及政府本身对个人信息收集、整理、加工和应用制定规则和设置条件，为数字经济时代的个人信息流通和利用提供法治保障。譬如，政府通过制定《个人信息保护法》，对个人信息处理活动进行规范并监督执行，通过政府"有形之手"对个人信息流动的有效监督、管理，克服市场缺陷，避免市场失灵，保障各参与主体权利的高效运行，正是政府行使监督权的体现。

二是管理权。政府是特殊的个人信息处理者，在这一角色中，政府将个人信息视为其实现社会治理的工具，对其生成和采集的个人信息进行利用，并管理和保护这些个人信息。一方面，个人信息作为一种生产要素和战略资源，政府需要把个人信息利用好，以提高政府管理效能，推动数字政府建设目标的实现，并向社会开放政府掌握的信息以释放社会经济价值。另一方面，对政府持有的个人信息负有管护责任，防止泄露或被滥用。也就是说，政府作为信息处理者,要把已掌握的信息用好、管好,做到"有用"和"管护"这两个相辅相成的原则之间的平衡。从本质上来讲,这既是政府的权力,也是现代政府的义务和责任。

三 逻辑归结:个人信息权利类型化

对于"权利束"而言,束体和束点的利益边界仅是产权界定的基础,权利束的产权界定理论自洽还需要以对束体和束点为基础,根据权利类型化建构涵摄各参与主体的权利谱系,两者结合才能做到既有边界又能自洽。

一是束体束点的前文分析是基础。对个人信息的束体进行分段解构,找到利益根源后,明确各参与主体的权利及边界,才能防止他人对已有权利进行侵害,以保障权利主体对这一集合权利的享有性和排他性价值。从信息主体、信息处理者和政府权利(力)束点的横向分析发现,在权利配置和行使上,各利益主体对信息的需求相关但又有差异,存在相互交叉的关系。

二是本节对束体和束点的横向分析和纵向统合,实现对个人信息的分层、分段、分节的三元权利类型化归结(见图3-7),类型化归结呈现两个层次。第一个层次是依据个人信息样态和参与主体的价值贡献进行归结,将信息主体对其信息享有的权利概括为"个人信息权",将信息处理者基于加工、添附所享有的权利概括为"数据权",将政府部门基于职权享有的权利概括为"监督管理权"。第二个层次是对参与主体的各自权利进一步类型化归结:(1)在个人信息权方面,借鉴欧盟的权利体系建构,丰富和完善我国《民法典》所列举的子权利,包括但不限于知情同意权、查阅权、复制权、更正权、拒绝权、限制处理权、删除权(被遗忘权)。(2)在信息处理者方面,应通过立法的形式赋予信息处理者的数据权,并区分四类信息,对能够通过"识别+关联"到信息主体的信息,取得不完全权利即用益权;对经过大数据处理技术无法通过"识别+关联"到信息主体的信息,则享有完全权利,即资产权。(3)在政府方面,政府基于个人信息处理活动政策的制定者和执行者,依职权对个人信息的处理行为享有监督权,以及本身作为特殊的信息处理者,负有用好、管护好其掌握的个人信息的责任和义务,由此政府在个人信息处理活动中享有管理权。

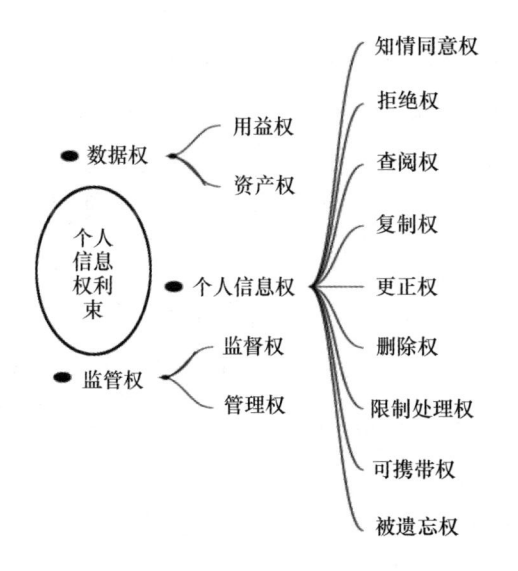

图3-7 个人信息权利束结构

对于个人信息的类型化归结实际上抛弃了传统仅以信息主体的权利为主的制度设计,克服将信息处理者权利和政府权力排除在"权利束"之外的弊端。根据个人信息全生命周期的变化规律及个人信息处理过程中的价值生成界定不同主体的权利,并将其中存在实质差异的具体权利类型进行分解再统合,使不同主体不同质的权利类型涵摄于个人信息"权利束"理论内,实现权利体系的周延性和逻辑自洽性。

第三节　个人信息"权利束"的协同

本章依据"权利束"的理论工具所构建的个人信息权利体系，是在个人信息这一共同客体之上建构的不同层次的权利束，因而权利之间存在重叠冲突的可能性，这就需要进一步研究如何协调权利冲突。从产权交易理论角度来看，交易成本是造成利益冲突的重要原因，降低交易成本以平衡利益关系正是产权制度的价值追求和目的所在。一方面，权利协同权衡不同主体的异质利益。在资源稀缺的现实社会，基于共同作用的客体，不同主体有着不同的利益诉求，难免会出现对利益的争夺，就会产生异质权利和利益冲突的评价、取舍问题；另一方面，个人信息保护的权利协同，是建立数字经济背景下各主体利益的多向、动态平衡。因此，本章理论归结的权利协同应结合数字经济的时代特征，厘清权利产生的背景原因、复杂关系和冲突根源，选择更符合各方利益最大化的协调规则。

一　目标协同

（一）直接目标：内部化个人信息处理的负外部性

数字经济之前，个人信息经济和社会价值并未显现，复杂的利益关系问题并不突出。数字经济时代，个人信息的功能集中体现在人际网络交往，人们依赖和利用网络进行娱乐、消费，在各种网站和 APP 留下的种种痕迹被网络空间所记录，这些蕴含的各种个人信息痕迹衍生出安全问题。传统的个人信息保护制度针对信息主体的安全焦虑，通过个人信息的人格权保护，规范个人信息收集、整理、加工和应用的处理行为和活动。然而，在数字经济时代，个人信息处理和利用进一步深化，传统的保护方式明显落后于时代的需要。随着大数据技术的广泛应用，个人信息的深度利用既带来分享经济的收益，又引发各种安全、过度使用、不当利用等的侵害风险，形成主客体交织、利益交叉的双重外部性负面效应，而现有的个人信息保护规范中关于权利的界定和配置，没有随着科技进步而不断丰富和发展，难以有效规制个人信息处理的负外部性。

科斯定理认为，合理界定和配置产权有益于市场交易，通过市场手段，可以将负外部性内部化从而实现社会财富最大化。权利义务是一对矛盾统一概念，权利的自由边界就是义务的行动限制，赋予主体权利是要求其履行义务最有效的手段。义务作为权利的对立面，就是在法律规定的范围内必须为或不为，违反此种要求即对他人权利的侵犯[①]。建立个人信息综合性权利保护，既是从正面赋予信息主体个人信息权，也是从反面明确信息处理者的义务，增强信息主体在个人信息处理活动中的主动权和话语权，激励信息处理者将信息安全、人格财产等负外部性内部化，避免在市场交易中对他人权益戕害。一方面，它迫使信息处理者将使用成本内部化[②]。在万物互联的数字经济时代，个人信息收集、储存成本低廉，信息处理者具有较强的个人信息处理激励。对信息主体配置权利，信息处理者必须有相应对价才能获得个人信息处理权限，激励其将个人信息处理所衍生的外部成本内部化，从而更加审慎斟酌收集及利用个人信息的必要范围，减少滥用、误用的机会。另一方面，信息主体不再只是消极的被保护者，而是成为能利用市场机制、积极实现其利益的行动者。信息主体可基于成本效益的分析，评估是否、何时、如何、对谁披露、分享、授权使用何种信息，以满足自身的偏好需求，防范信息处理者的滥用和掠夺。

（二）根本目标：激励数据开发创造和技术创新

数字经济之前，个人信息处于未流动、未被利用的静止状态，信息、数据的形成主要是基于信息主体的自然生成，数据流通、利

[①] 参见张文显《法哲学范畴研究》，中国政法大学出版社2001年版，第336页。
[②] 参见蔡培如、王锡锌《论个人信息保护中的人格保护与经济激励机制》，《比较法研究》2020年第1期。

益衡量以及社会治理等一系列的问题尚未激活。在个人行为数据化、空间化的数字经济时代，使得个人信息内容、使用场景和目的较之于小数据时代发生前所未有的变化，大量的个人信息由信息主体写入，或由相关平台、软件、APP 自动生成与记录，其聚合、存储和数据红利实现有赖于信息处理者大量的人工干预、技术和资本投入。因此，数字经济时代的信息数据形成，是信息主体、信息处理者共同劳作的凝聚，仅仅以静态信息的处理方式看待数字经济时代的动态信息，将信息主体外的其他参与主体在数据红利释放过程中的投入不加以体现，排除其数据权利，这将导致：一是个人信息的价值难以发挥。从信息收集开始，信息处理者的法律地位不明确，其处理行为在合法与非法之间难以界分，企业利益尚未得到法律确认，难以激励信息处理者集中资本、技术、劳动等对个人信息价值进行深度挖掘，不利于数据创新。二是企业间的数据纷争，在司法实践中大多依据反不正当竞争法加以解决，然而反不正当竞争法是针对特定的对象和领域，牵强适用其处理大数据产品和服务的纠纷，无法实现法的公平与效率价值，严重影响了信息处理者对技术研发和数据创新的积极性[①]，进而影响其在个人信息保护的投入和效率。在经济学家看来，经济增长的核心是制度而非产业革命，建立有效率的产权制度，促进私人收益和社会收益平衡以激励社会成员积极投入生产活动[②]。因此，通过对现有权利制度进行相应调整，建立个人信息权利体系，理顺信息生产和开发中政府、个人、企业等参与主体之间内在逻辑关系和利益诉求，提升市场主体在数据资源生产与开发上的积极性与创造性，使个人信息的生产创造在社会经济生活中能够持续地积累并发挥作用，进而驱动数字经济的高质量发展。

---

① 参见梅夏英《数据的法律属性及其民法定位》，《中国社会科学》2016 年第 9 期。
② 参见柳适等《诺贝尔经济学奖得主讲演集》，内蒙古人民出版社 1998 年版，第 534 页。

（三）最终目标：以分配正义增进社会福利

以分配正义增进社会福利是个人信息权利协同的最终目标，是实现人的获得感、幸福感和安全感的根本保障。在数字经济的新时代，增进社会福利是我国社会主义的发展目标，其核心基础是分配正义，分配是否正义关系到国家安全、经济发展和社会稳定。中国共产党自从建党起，始终把增进社会福利作为奋斗目标。党的十八大以来，习近平总书记根据新形势的变化发展，提出一系列的分配正义战略，旨在共建共享中提高人类福利。以分配正义促进人的福祉增加作为个人信息保护的目标价值，凸显了大数据背景下人的主体性价值。因此，个人信息保护的权利体系建设，要把是否增进人民福祉作为价值衡量标准。

个人信息价值形成主要在个人信息处理过程中，个人信息处理过程涉及个体之间的利益分配以及个体与社会的利益分配两个维度。一是在个体利益方面，个人信息的价值增值依赖于处理过程中各方主体的合作，数据红利是多方共同合作、维系的结果，故"利益分配需要引导各个社会成员积极参与其中，只有这种合同体系才能使每个人获得其想要的幸福生活"[1]。在个人信息处理和流转过程中，某一行为可能涉及其他主体的利益，譬如人们在使用购物 App 过程中，或多或少通过展示个体特征、兴趣偏好等个人信息，以便换取更好的购物需求和体验。然而，这些交换需要通过相应的平台才能完成，信息主体自己无法进入这些市场，难以有效地回购其个人信息或者提供自己的个人信息进行交易。这种交易与合作涉及多方主体，利益分配不均将会导致某些主体的退出，将影响对个人信息的开发和利用并使之走向野蛮生长状态。个人信息处理与流转中各方利益的分配正义，是增进社会福利从而实现人的全面、自由发展的重要基础条件。在科斯看来，在交易成本非零的现实生活中，

---

[1] 参见［美］约翰·罗尔斯《正义论》，何怀宏等译，中国社会科学出版社 2003 年版，第 15 页。

通过法律制度合理界定产权可以降低交易成本，促进交易发生，从而提高经济效率。因此，通过构建权利体系，明确个人信息处理和流通中信息主体与信息处理者的权利，使各方主体的权利得到平衡，从而实现资源开发、技术进步和分配正义的目标。二是在社会利益方面，个人信息处理释放的数据红利，除了保障个体利益分配正义，同时维护社会利益也是应有之义。强调个人利益分配而忽略社会利益，也是社会分配不正义的表现，进而会减损个人福利，应在个体利益和社会利益之间有所平衡，不能为完全追求个体正义而阻碍社会经济发展。数字经济时代，个人信息处理不仅考虑到个人信息保护，也要考虑到促进数据流动与交易，促使个人信息"物尽其用"，充分发挥其在社会经济发展中的重要作用。建立个人信息权利体系，实现各方参与主体的权利协同，是个体利益与社会利益分配正义的基础，在此基础之上坚持以人民为中心的发展思想，积极发展权利与义务相统一的分配正义，方可实现个体之间、个体与社会之间的利益协调。通过保障各个参与主体的切身利益，共同分享个人信息创造的数字红利，以增强大众获得感、幸福感和安全感，为增进社会福利创造良好的数字生态环境，这是个人信息协同保护的终极目标。

二 原则协同

冲突与协调是社会存在的客观现象，是塑造社会规则、推动制度变迁和社会文明的主要因素。在个人信息处理全过程中，参与主体与信息的关系复杂多变且主体间利益共存叠生，信息主体、信息处理者和政府三者围绕个人信息处理所产生的数据红利展开争夺，各权利主体间冲突越发明显，如：信息主体要求保护与信息处理者利用的冲突、正义与效率的冲突、成本与收益的冲突、技术与法律的冲突，大数据悖论正在逐步显现。正如诺思所云，正义的产权制度，就是要对权利义务进行合理分配，尽可能平衡各主体之间的利益冲突①。前文建立了个人信息处理中各参与主体的权利体系后，针对不同主体之间的权利冲突，大致有三个处理原则：

（1）权利位阶。根据秩序的原理，对不同主体的权利做出排序，使其形成一定的先后顺序或优先次序，进而为处理权利冲突提供参考。权利位阶是在一个束体上存在多个权利集合时，基于主观价值利益判断所做出的何种权利在先、何种权利在后的次序。通常，在"权利束"体系下，公共利益优先于个人利益，人格权优于财产权，生命权、健康权优先于其他人格权。实际操作中，权利位阶的适用应结合个案进行具体分析，从横纵两个维度进行价值衡量才能得到符合公平正义的判断。

（2）权利平等。权利平等是指权利先天就是平等或均衡的，权利本身没有优先或次序之分。"法律面前人人平等"，法律地位平等决定了法律权利平等，因而任何法定权利都具有平等性，不存在次序问题。权利平等理论认为权利的冲突实质上是利益与价值的冲突，不能用法律的效力等级来安排权利次序，而是用权利本身的社会作用来决定其重要性。解决权利冲突首先应承认一切权利平等受到法律保护，特殊情况下优先保护社会公共利益并兼顾特殊利益。

（3）权利边界。权利边界理论认为，权利冲突原因在于法律界权不明，即立法对不同主体之间的权利边界和范围没有进行明确界定，从而导致权利行使时产生冲突。协调权利冲突首要问题是法律界权，通过重新明晰不同权利之间的边界和范围，才能为权利主体提供行动标准。一般而言，权利边界是权利位阶和权利平等的前提和基础，一方权利边界是他方行动自由的界限，权利行使必须在合理的边界内，否则就是违法和不正义。

在个人信息保护的"权利束"中，个人信息同时承载着信息主体的个人信息权、企业数据权和政府监管权，三类主体、三大权利

---

① See Rawls, John. *A Theory of Justice*, Harvard University Press, 1999, p. 5.

类型共同基于束体个人信息形成一定的"相邻"依附性。每个主体的权利行使都需要在充分尊重束体上各方主体的权利，这就需要以上三个原则搭配使用，单独使用都不能更好协调好各参与主体的权利冲突：权利边界原则为各方主体厘清权利的边界和行动范围，在尊重他方主体的权利下维护自己的合法权益，权利位阶从外部环境规范权利优位和先后次序，权利平等从内部环境明确权利行使的自由限度，在法律允许的范围内满足各自利益需求和行动自由。总之，协调个人信息保护中的权利冲突，需要综合运用上述三个原则，发挥各自作用以解决个人信息之上不同主体的利益冲突矛盾。首先要通过权利边界理论界定个人信息权、数据权、监管权的边界和范围，再以权利位阶理论从外部环境对个人信息权、数据权、监管权进行规范，最后以权利平等理论从内部环境对其进行匡正，从而解决个人信息保护中权利的冲突，保障个人信息流通顺畅、数字经济发展持续高效进行。

三 体系协同

（一）私权协同

大数据背景下，个人信息处理的广度和深度进一步深化，各行各业的处理者均为个人信息的价值生成做出相应贡献，大数据技术与个人信息的特殊功能相融合，充分释放个人信息的经济和社会价值。个人信息价值生成来自于生产、加工、计算等各个环节，是不同主体在具体参与过程中共同创造的结果，从而产生权利需求，且这些权利之间呈动态交叉、共存共生的关系，这就要求信息主体和信息处理者之间、不同的信息处理者之间在主张和行使各自权利时，应当围绕着保护和利用的合理、正当性进行，使得私权之间形成既需要相互制约，又需要相互协调与配合的合理关系。

1. 信息主体权利内部的协调与配合

个人信息权是人格权和财产权的综合性权利，人格与财产相互配合，改变信息主体在数据市场的技术和信息不对称地位，取得一定的议价能力和议价空间。人格权保护，无论是民事的侵权责任还是刑事责任承担，都是一种事后的责任规则路径，单个信息主体对个人信息的效用价值不同，这种"司法定价"的方式不能完全为个人信息客观定价。财产权保护则弥补了前者事后救济的弊端，两者协调配合，通过事前预防、事中监督和事后救济相互作用，对获得财产之前进行协商，赋予信息主体以控制信息的权利，同时事故发生后进行损害赔偿，从而使信息主体的权利保护由事后转变为事前事后的综合保护，才能提高保护效率，做到不侵害信息主体利益的底线，建立符合数字思维模式的更为实效的多元权利体系。

在具体权利中，个人信息权的各项子权利也需要协调、统一和配合。个人信息权以知情同意权为核心，以选择权、访问权、更正权强化主体地位，以删除权、可携带权保障权利的有效行使，从而形成信息主体的权利系统。由于信息、知识、技术等不对称，信息主体难以掌握个人信息处理活动，使得单独行使某一项子权利都不能起到保护信息主体的作用，背离自主控制的立法初衷，即使赋予信息主体个人信息相关权利，也会使得这些权利被架空。以信息主体的知情同意权为例，信息处理者的个人信息保护政策，大多由专业人士制作，语言晦涩、内容冗长，普通人既没有能力也没有耐心去阅读这些文字，无法真正理解相关内容，使得信息未被充分"告知"，对个人信息保护政策被"知情"，导致信息主体随意点击"同意"按钮或直接打钩的被迫同意，知情同意质量大大减弱，其他相关权利难以发挥相关作用[1]。又如，法律虽然赋予信息主体访问权、可携带权，倘若被他人冒用、套用身份行使此类权利，将会

---

[1] See Solove, D. J., "Privacy Self-Management and the Consent Dilemma", *Harvard Law Review*, Vol. 126, 2012, p. 1880.

造成个人信息泄露等危害个人信息安全的行为风险产生[1]，从而减损个人福利。因此，个人信息权的子权利之间也应相互配合使用。

2. 私主体之间权利的双向平衡

私主体之间权利，是对现有相关法律制度进行充实，强调私主体在个人信息处理过程中的权利义务，是对个人信息处理行为本身做出规范，弥补信息主体的控制权的不足，一定程度上解决实现个人信息权利保护力有不逮的问题。将信息主体的权利与信息处理者的权利并列建设，作为个人信息处理的正当性基础，满足数字经济时代日益增长的个人信息处理的高需求，在信息主体与信息处理者之间寻求平衡，实现个人信息流通、使用可防可控。

信息主体与信息处理者权利基于个人信息这一束体，有些权利行使可能给对方造成不合理的影响，影响其正当权益。如信息主体的知情同意权，在大数据背景下，数据成为企业的核心资源和市场竞争力优势，企业、行业发展均需以个人信息处理为依托。信息主体需要企业的优质产品或便捷服务，必须以提供自身个人信息作为交换对价，这就决定了"要么选择，要么离开"这种尴尬境地，使得知情同意权的效果大打折扣，同时增加了信息处理者的利用成本。又如信息主体删除权的行使，信息处理者收集个人原始信息后，会结合自身经营状况与所掌握的大数据技术，对已收集的个人信息进行整理、计算和分析，发现其中规律，从而认知现在、预测将来。如果此时信息主体行使删除权，将导致信息处理者前期劳动添附的成本浪费，形成不合理的负担。欧盟《一般数据保护条例》虽然赋予了信息主体被遗忘权，但其进行了相应的限制，如信息主体不能向云计算平台主张查阅、被遗忘的权利。同时，法律将目的拘束、最少使用、限期储存等作为信息处理者处理个人信息的基本条件，以保证信息处理者收集、处理与储存个人信息始终处于合

---

[1] See Swire P., and Lagos, Y., "Why the right to data portability likely reduces consumer welfare: antitrust and privacy critique", *Maryland Law Review*, Vol. 72, 2012, p. 335.

理、可控的范围。然而，这些约束信息处理的原则，与"物尽其用"和效率原则的价值理念存在一定冲突，不利于商业创新和行业竞争力的提升，造成信息资源的浪费。因此，对个人信息的权利进行分类、解构并重构后，还应在信息主体和信息处理者的权利之间进行权衡。个人信息保护的各项子权利，需要明确哪些是必须明确规定，哪些是作为倡导性规定，才能促进私主体权项的协调与配合，使个人信息权利体系既能发挥规范私主体行为的作用，又不至于脱离国情，影响个人信息保护与利用的效率。也就是说，要在守住个人信息安全的底线上，保障私主体在其自由边界内活动，不逾越红线，充分释放数据红利。

（二）公私权间的平衡与制约

个人信息权、数据权和监管权应当具有平衡性，不能只重视私主体利益保护而忽视国家公共利益，也不能只重视社会公共利益而忽视私主体利益，偏颇任何一方都是不经济和不正义的。公私权间的平衡与制约，一方面是指因国防、科研、军事、医疗等公共利益需要，国家可以无偿对个人信息权利进行征用，限制或排除私主体权利的支配力和溯及力以满足公权需要；另一方面，国家通过法律界定的方式对私权行使监督管理权，以保证个人信息流动乃至数字经济发展符合国家意志，这主要体现为：一是通过"应为"条款设置强制性规范，保护个人信息处理市场中信息主体的个人信息权和信息处理者的数据财产权，明确信息处理者必须作为的事项如技术嵌入设计、告知提示。二是通过"勿为"条款设置禁止性规范，以"负面清单"的形式保障个人信息处理的底线，对侵害信息主体的人格、财产的处理行为，以及信息处理者之间的限制竞争、破坏市场秩序等的行为进行相应禁止和否定性评价，违者给予处罚以增加违法成本，使个人处理活动按照国家要求有序进行。三是个人信息保护的选择性规范，私主体可以选择"为"或"不为"，同时可与引导性规范相结合，形成引导私主体权利双向平衡，以积极力量推动数据领域健康发展。

数字经济时代，个人信息是个人社会交往、企业商业创新和数字政府建设的重要基石。大数据技术与个人信息的价值多样性相结合，进一步拓展个人信息的经济和社会价值，个人信息已成为分析过去、认识现在和预测未来的重要依据，为提升企业市场竞争力和政府管理服务效能提供科学的指引作用。因此，个人信息处理活动中各参与主体的权利义务安排，既要着眼于依法保护信息主体的权利，又要统筹生产生活对个人信息处理的强劲需求，做到权、责、利的多向平衡。

第四节　本章小结

个人信息保护需要公众、数据企业和政府多方协力，各方权利的界定和配置是协同保护的制度基础。梳理我国个人信息保护的法律规范发现，法律对信息主体的权益仅以法益保护的形式呈现，尚未上升为权利保护，信息处理者的权益保护也未体现于制定法中。结合权利束的产权分析发现：一是个人信息权利的束体特征，随处理的时间先后、逻辑关联递进性及往复性，个人信息样态呈动态变化，对于个人信息处理的收集、整理、加工和应用四个阶段，呈现出原始信息、整理信息、衍生信息和派生信息四种样态。二是个人信息权利的束点特征，参与主体与信息的强弱关系随束体样态变化呈动态调整，价值贡献凸显主体利益诉求和冲突，表现为信息主体个人信息权、信息处理者数据权和政府监管权组成的多元化、立体化的"权利束"。

根据产权交易理论的"产权明晰降低交易成本、促进自由交易和维护社会契约"基本原理，本章总结提出权利协同以引导个人信息处理的负外部性内部化、以激励数据开发和技术创新的效率提升和以分配正义增进社会福利的社会公平正义为价值导向，重点用权利位阶、权利平等和权利边界的权利冲突和协调原则来平衡参与主体之间的利益冲突，并以知情同意权、删除权、可携带权等个人信息权内部子权利之间协调、个人信息权与企业数据权之间平衡、政府公权与个人及企业的私权相互制约，共同推进个人信息权、数据权、监管权三大类权利协同体系建设，为个人信息协同保护制度构造实现自由、效率与公平的兼顾。

第 四 章

个人信息保护的规则协同

我国个人信息保护的法律规则呈现在不同部门法中，但是大量个人信息侵权案例折射出我国个人信息保护法律规则的效率不高，难以适应数字经济多元协同、立体化发展的要求。深入研究规则效率，必然需要关注其事前效率和事后效率两种形态的标准，事前效率主要是行为激励，包括过度投资或投资不足、道德风险或逆向选的控制，事后效率关注机会成本的大小，控制的是交易成本和评估成本[①]。对此，本章依从"规则适用促进交易效率"的理论逻辑，借助"卡—梅框架"规则效率分析工具，深入研究我国现行个人信息保护规则的运行效率，进一步研究规则如何配置、规则之间如何协调、如何共同激发规则的协同作用，进而提高个人信息保护制度的运行效率。

第一节 "卡—梅框架"经典模型及其拓展

一 "卡—梅框架"经典模型

1972 年，美国著名法经济学学者卡拉布雷西（Guido Calabresi）和米拉姆德（Douglas Melamed）在《哈佛法律评论》上发表《财

---

① 参见凌斌《法律救济的规则选择：财产规则、责任规则与卡梅框架的法律经济学重构》，《中国法学》2012 年第 6 期。

产规则、责任规则与不可让渡性：大教堂的一幅景观》①，该论文以科斯交易成本理论为基础，提出了权利保护的财产规则（property rules）、责任规则（liability rules）和禁易规则（inalienable rules）划分。这一区分形成的理论框架被学界称之为"卡—梅框架"（C&M Framework）。"卡—梅框架"打破传统部门法、公私法划分，着眼于效率模式，将法律规则类型化，并从事前激励和事后成本两方面为分析法律规则的效率标准提供"一个统一视角"。

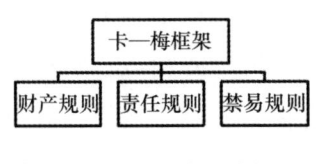

图 4-1　经典"卡—梅框架"

二　"卡—梅框架"的内外拓展

"卡—梅框架"根据法益归属主体、市场交易是否自由和自愿，将法律规则类型化为财产规则、责任规则和禁易规则，此为"卡—梅框架"的经典框架结构。尔后，有学者基于我国几千年"父爱主义"观②，对"大教堂"景观的内外装饰，使"卡—梅框架"得到进一步升华与阐发，框架体系日趋丰富与完备。北京大学凌斌教授通过明确法益的初始分配和引入限价方式，在经典三规则的基础上增添了"无为规则"（Inactivity Rule）和"管制规则"（Regulation Rule），丰富了"卡—梅框架"的权利保护方式和规则结构，为权利保护提供一个更为丰富、可供选择的"规则菜单"，形成新"卡—梅框架"。新"卡—梅框架"模型已成为法经济学方法论上的指南，为权利保护机制和制度的效率分析提

---

① See Calabresi, G., and Melamed, A. D., "Property Rules, Liability Rules, and Inalienability: One View of the Cathedral", *Harvard Law Review*, Vol. 85, No. 6, 1972, pp. 1089–1128.

② 参见杨峰、刘先良《卡—梅框架下我国排污权担保的规则配置研究》，《现代法学》2019 年第 5 期。

供了全新的思路。

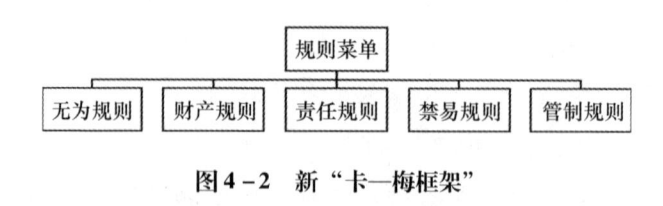

```
        规则菜单
  ┌──┬──┬──┬──┐
无为规则 财产规则 责任规则 禁易规则 管制规则
```

图4-2 新"卡—梅框架"

新"卡—梅框架"模型的"规则菜单"，依据公权力是否作为，可分解为无为规则和有为规则两大类。无为规则与有为规则相对，无为规则意味着对于特定的利益，法律立场是不承认也不反对的立法态度。依据法益在买卖双方之间转移是否自由，新"卡—梅框架"区分了"禁易"规则和"限易"规则。禁易规则是指国家赋予权利人拥有特定法益，但禁止或限制其转让，目的在于取缔特定的交易市场；在禁易规则之外，在一定条件下法律允许法益私人交易，此种交易规则称之为限易规则。依据当事双方是否自愿转移法益，"限易"规则又细分为财产规则和责任规则。财产规则允许当事双方自愿对法益转移进行议价[①]，最大限度保障交易自由；责任规则是通过法院的"司法定价"的方式，强制"征用"权利人的法益。"限易"规则即管制规则，是对法益的转移设置一定的法定条件，私人主体在法定条件下进行交易，主要适用于公权力许可下的法益交易。

第二节 个人信息保护规则的效率分析

本节借助"卡—梅框架"的菜单规则，分析不同规则类型对个人信息保护的运行效率和适用性。

---

① 参见杨涛《论知识产权法中停止侵害救济方式的适用——以财产规则与责任规则为分析视角》，《法商研究》2018年第1期。

一 财产规则

财产规则是法益的初始归属明确后,法律赋予交易双方自愿定价、自愿交易的权利,并对其进行保护。国家将买卖双方自愿交易作为法益转移的合法、有效且唯一的方式[①],即赋予法益持有方权利,取得相应定价权,由其自行决定交易价格和交易对手。

知情同意是个人信息保护的基础和普适性规则,属于财产规则范畴。我国多部法律均规定了个人信息受法律保护,任何人不得以任何非法的方式获取、出售和提供他人的个人信息。根据《网络安全法》第41条规定,"非法"与否的边界即信息主体的知情同意。"知情"就是要求信息处理者在收集、流转、利用时公开透明,让个人了解、知道其信息被收集、流转、利用等一系列情况,目的在于克服因信息不对称产生的市场失灵;"同意"则是信息主体在知情的前提下做出理性选择。从比较法的视角来看,包括欧盟和美国在内的域外法均强化在数据共享中知情同意规则的重要性。2018年5月生效的欧盟《一般数据保护条例》(GDPR)第六条,规定了不论个人信息的来源、处理方式,数据业者对个人信息的处理必须以严格的知情同意为基础。美国区别于欧盟统一立法的模式,采用分散式立法规定个人信息保护,《隐私法》《家庭教育权利与隐私法》等多部法律均规定使用个人信息时应取得信息主体的同意,尔后,知情同意要件贯穿于美国的数据立法中。关于知情同意的方式,从立法与实践来看,美国采用"未反对即视为同意"的方式,注重对个人信息的利用和共享,以提升数据产业的优势地位[②]。欧盟采用相对严苛"未明确同意即视为反对"的标准[③],更注重个人信息保

---

① 参见凌斌《法律救济的规则选择:财产规则、责任规则与卡梅框架的法律经济学重构》,《中国法学》2012年第6期。

② 参见王利明《民法典应强化对数据共享中个人信息的保护》,《北京日报》2019年2月18日第10版。

③ 参见丁晓东《个人信息私法保护的困境与出路》,《法学研究》2018年第6期。

护。在国内,《国家安全法》《信息安全技术——个人信息安全规范》《民法典》等法律规范和行业标准均规定了信息主体的知情同意是个人信息收集和共享的先决条件,信息主体根据个人需求决定是否使用信息处理者提供产品或服务,并期望信息处理者充分保障自己的个人信息或隐私安全。

知情同意属于财产规则范畴,通过信息处理者的个人信息政策来实现。信息处理者通常按照产业发展规律或者行业自律标准制定政策,告知信息主体享有的权利,保障个人信息的安全。较之于损害赔偿的责任规则,知情同意的财产规则具有自愿性,在保障权利人的财产权和人格权方面能起到积极作用,同时避免过于严格、僵化、阻碍创新的可能。有学者认为,信息处理者在对个人信息收集利用过程中,需要对其进一步分析、清洗、加工,传统知情同意模式框架无法适应大数据应用的时代需要,知情同意不再具有数据利用的正当性基础[①],其规定制约着大数据的利用效率。这一论点是不恰当的,因为知情同意模式的财产规则是个人信息保护的根基,若随意剥夺或以强制交易的方式替代之,则有损其私权意思自治属性,同时破坏了个人信息保护的"第一道防线"。从法经济学视域来看,交易成本的高低决定了资源的配置,个人信息保护的规则选择与运用需要考察成本与效率原则。当交易成本很低时,不论权利初始配置给谁,都能达到资源的最优配置,此时保护个人信息的最佳策略是财产规则;当交易成本很高时,协商谈判出现较大障碍,此时财产规则不一定符合经济效率。因此,知情同意适用于交易成本较低的场合,是对权利人实施事前保护的最优选择。然而,知情同意模式在个人信息保护领域的适用有时会陷于较高的交易成本,走向低经济效率。

(一)复杂多元的谈判主体引致交易障碍

协商谈判主体的数量决定着交易成本高低和交易障碍。依财产

---

① 参见姬蕾蕾《论个人信息利用中同意要件的规范重塑》,《图书馆》2018 年第 12 期。

规则，当事双方通过事先协商谈判来确定法益的价值。在这协商谈判过程中，倘若相关主体数量较少，交易障碍较少，财产规则能以较低成本保护个人信息；倘若相关参与主体数量较多，协议定价就难以实现。在个人信息收集阶段，相关主体较少且明确时，谈判容易且具有高效率，通过事前知情同意的谈判模式是保护个人信息最有效方式。然而，伴随大数据分析与应用，基于不同目的将海量个人信息聚合、清洗、加工、建模再进行转移和使用，这一动态的数据处理过程将衍生出多种权利类型和众多的相关主体，知情同意模式意味着信息主体需面对诸多参与谈判交易的主体，多次授权同意将会产生过量的交易费用与超额谈判费用，造成资源浪费。在数据产业链中，信息生产者、加工者、使用者等多元化主体，每一个体都会追求最大化的个体利益，故众多的交易主体易引发"反公地悲剧"（The tragedy of the anticommons）。"反公地悲剧"意味着复杂的权利主体间相互排斥，个人信息共享过程中协商与谈判的成本就会更高。因此，作为理性经济人的信息处理者就不会通过事先谈判的方式达成交易，这无疑会催生个人信息交易的黑市，从而使知情同意下的财产规则难以发挥作用。

（二）偏离正常保护水平引发的低效率与高风险

以知情同意为要件的传统个人信息保护是以私法保护为进路，将个人信息权利化为意思自治，这种方式使得知情同意成为信息主体的谈判杠杆，容易造成保护不足和保护过度问题。一方面，由于财产规则坚持绝对化的排他效力，个人信息从收集到利用的一切动态过程都需征得信息主体的同意，未经同意利用个人信息的行为视为违法行为。这一可对抗他人的权利方式将造成对个人信息的过度保护，成为信息主体阻碍数据流通的正当化工具。个人信息保护除了保护信息主体的法益外，还具有"物尽其用"的价值含义。因此，完全遵循传统知情同意规则会限制个人信息共享，容易形成"数据孤岛"，从而导致市场低效率。市场低效不仅表现在信息处理者为收集同样的信息价值需要投入大量的成本，造成资源浪费，同时也会因个人信息利用成本过高采用"黑市"交易，使信息主体陷入更大的安全隐患中，也进一步增加信息处理者的侵权风险。更重要的是，知情同意模式阻碍信息处理者对数据价值的不断挖掘、开发，激励不断削弱进而数据共享水平降低。另一方面，由于个体认识理性和专业认知的有限性，知情同意模式会造成个人信息保护不足。格式化的隐私保护条款和冗长、专业的内容，普通的个人往往难以理解其中的要义。同时随着大数据技术的发展，个人信息与风险关系变得更加复杂，不再是传统的一一对应关系，个体无法预见也无法避免由技术发展衍生的相关风险。

（三）社会公共利益的侵蚀

个人信息保护适用"规则菜单"中哪一规则，除了交易成本因素外，还应考虑社会公共利益的价值需要。数据共享是数字经济时代的应有之义，增加数据产品生产与供给，以最小的社会成本创造数据产品的最大化共享，是提高社会效率和增进社会福利的经济模式。财产规则通过赋予信息主体知情同意之法权，倡导个人信息排他性的私权属性，从个体利益最大化角度确定的私人定价，未将社会利益和公共福利纳入数据交易考量范畴，故知情同意规则所确定的交易价格无法反映法定许可授权的社会交易价值。自由交易的价格不是社会最优的价格，故财产规则无法实现社会效用最大化，偏离了社会公共利益的价值目标，不能更好地实现资源的分配效率。

交易成本决定了个人信息保护的选择标准，低交易成本和高效率是规则选择的价值导向，通过交易行为消除权利配置所引发的低效率。鉴于个人信息兼具有个人性和社会性特征，知情同意要件的私人自由谈判难以为个体对相关风险加以判断和防范，财产规则并不完全有利于个人信息在数据流通中的风险管理，有可能增加交易成本、降低效率、背离公共利益目标等，进而减损数据分享的效用和阻碍社会福利增进。

二 责任规则

按照交易双方是否自愿划分,"自易"规则分为财产规则和责任规则,财产规则保护自愿交易,责任规则保护非自愿交易。在责任规则中,法益购买方以法院的司法定价所确定的"法定价格",强制"征用"权利人的法益,权利人取得法益损害求偿权[1]。并非所有自愿交易都是有效率的,在某些情况下非自愿交易和法益的强制性转移是最佳选择。当法益的市场估价或私人谈判低效率或高成本时,责任规则的适用具有优先性[2]。责任规则保护模式是当法益受到侵害后,诉诸法院以司法定价获得损害赔偿,通过强制手段克服谈判主体多元引发的交易障碍、高成本低效率等的市场失灵,从而保障交易的顺利进行[3]。如前所述,财产规则虽赋予信息主体对个人信息绝对性保护,但在适用上面临较高的交易成本。同样,责任规则在对个人信息的价值分享上具有积极效果,为信息处理者提供更多行动自由从而提高个人信息的经济效用,但责任规则所倡导法院的司法定价也并不意味着高经济效率和低交易成本。由于法益"法定价格"的司法评估缺陷,以损害赔偿来"征用"个人信息法益的进路,极有可能导致个体利益失调,难以创造更有效的激励。

(一)合理价值偏离

责任规则效率基于两点:一是法院能否正确评估法益拥有者的损失,二是"法定价格"能否达到侵权法倡导的填补功能,填补受害人所遭受到的损失。倘若司法估值能够真实反映信息主体所遭受到的损失,并确定公平的赔偿金,那么责任规则是有效率的;倘若

---

[1] 参见凌斌《法律救济的规则选择:财产规则、责任规则与卡梅框架的法律经济学重构》,《中国法学》2012年第6期。

[2] See G. Calabresi and A. D. Melamed, "Property Rules, Liability Rules, and Inalienability: One View of the Cathedral", *Harvard Law Review*, Vol. 85, No. 6, 1972, pp. 1089 – 1128.

[3] See Kaplow, L., and Shavell, S., "Property Rules versus Liability Rules: An Economic Analysis", *Harvard Law Review*, Vol. 109, No. 4, 1996, pp. 713 – 790.

司法估值偏离实际损失，过高的赔偿或赔偿不充分，都容易导致低效率的判决，此时适用责任规则是低效率的。由于存在信息不对称，司法定价不能反映实际损失，导致非自愿交易双方难以公平合理地分配议价剩余。司法定价主要基于两方面：受害人实际遭受的损失和侵权人因侵权行为获利所得。个人信息侵权事故中，案件诉求主要集中在隐私、名誉权等的精神损害赔偿上，财产损害赔偿相对较少。然而，现行的法律规范无法提供有效的方法来准确衡量信息主体的损害尤其是精神损害大小，缺乏对信息主体损失的准确估计，责任规则效率将大打折扣。同时，利用侵权人获利所得来定价也存在很大问题，即使侵权人的利得估价容易确定，信息主体的损失也并非和信息处理者的利得存在一一对应关系，故法院据此难以做出合理的定价。交易成本决定了责任规则具有一定的适用空间，但基于大数据技术的复杂性及个人信息共享的多样性，在个人信息侵权中，难以查明施害主体、损害事实、因果关系、损害范围等，即使司法定价部分克服了财产规则的高交易成本和交易障碍，但由于司法估值可能偏离合理价值，使得责任规则的优越性大打折扣，故单一的责任规则也不能提升个人信息保护水平。

(二) 个体利益均衡失调

财产规则所确定的自由定价的交易方式，能够实现交易双方最大的满足程度，提高交易主体的福利。责任规则通过司法定价的方式，强制"征用"权利主体的法益，并未通过竞争市场的自由交易来考量交易双方的成本收益，使得交易主体无法通过协商议价的机制分配资源。责任规则获取资源的方式意味着交易一方通过支付法院确定的赔偿金后，就可以攫取因侵权行为带来的所有利益，另一方则丧失了通过协商议价的方式分配合作剩余。个人信息保护中，以损害赔偿规则替代知情同意的财产规则适用，可能会产生"丛林法则"，从而造成对个人信息的过度使用，信息处理者利用信息和技术优势占有消费者剩余。故此，责任规则倡导的法益强制移转，极有可能导致利益均衡失调，不能达到财产规则下交易双方协商谈判定价下高效率的利益均衡状态水平。

（三）激励机制失效

通过上述分析可以发现，偏离合理赔偿水平会从一定程度上影响信息处理者对个人信息保护的意愿。赔偿不足或赔偿过度，或是导致变相激励，抑或是形成功利主义的价值导向。过高的赔偿金额促成信息主体因信息处理者的违法行为获得超出实际损失的利益，与侵权责任法的损害赔偿之填补损失功能目标相背离，也与法的公平正义价值背道而驰。而且，过高的赔偿额增加信息处理者生产成本，降低其投资创造水平，减损社会整体福利。过低的赔偿水平降低了侵权人的违法成本，增强信息处理者对个人信息滥用的获利预期，形成波斯纳所述的效率违约①，难以激励信息处理者强化信息治理机制，调动其参与个人信息保护的积极性，从而增加个人信息侵权的概率，使得个人信息保护成为一纸空文。因此，只有科学而准确地司法估值，才能有效激励社会个体，这时责任规则才更具制度理性和经济效率。

三　禁易规则

禁易规则是指虽然明确了法益的具体归属，但是法律禁止交易②。禁易规则旨在从主体资格和客体内容两方面取缔某种特定的交易市场，譬如禁止种族、基因信息私人交易属于交易客体的禁止。

我国《民法典》第111条规定了个人信息受法律保护，通过五个条文对个人信息处理进行规范③。在域外，欧盟《通用数据条例》

---

① 参见［美］理查德·波斯纳《法律的经济分析》，法律出版社2012年版，第98页。
② 参见凌斌《法律救济的规则选择：财产规则、责任规则与卡梅框架的法律经济学重构》，《中国法学》2012年第6期。
③ 《民法典》第1034条至1038条定义个人信息、信息主体的权利、信息处理者的义务及免责事由。

规定了禁止交易的内容，譬如第 22 条规定了种族、基因数据、健康数据等个人信息不能用在自动化处理的决策，这是禁易规则的选择。在我国，个人信息保护的禁易规则适用，主要是通过"负面清单"的形式从主体和客体两方面进行列举，譬如在《征信业管理条例》中，第 14 条对医疗敏感信息采集的禁止性规定，是禁易规则对客体方面的列举；禁止有从事个人信息贩卖、倒卖等非法活动的人再次进入市场是对主体方面的列举。通常而言，在大力发展数字经济的大环境下，普遍适用的是限易规则，禁易规则主要是针对特定主体、特定类型的个人信息的例外规定，用以坚守个人信息处理的底线，防止信息处理者的处理行为逾越红线。

四　无为规则

根据凌斌教授对"卡—梅框架"原型的外部拓展，建立与有为规则相对应的无为规则。无为规则是一种法律立场，法律尚未将法益配置给任何一方，也未明确交易是禁止还是允许，因而不是实在的规则类型[①]。

法律的滞后性决定其总是落后于技术发展，科技进步推动法律从无为规则向有为规则演进。新技术用于生产使得初期新生问题没有相应的法律调整，正如早期的个人信息问题，除符合隐私、商业秘密等法律有明确规定的外，其他的尚无相关法律规定，此时类似于无为的法律态度。当某一新生法律问题的出现，没有相应的法律规范对其进行调整，出现无为规则这样一种法律立场，但这种立场只是暂时性的。经过一段时间立法匹配与调适，法律将从无为规则向有为规则推进。现阶段，我国《民法典》《网络安全法》《消费者权益保护法》等法律规范都对个人信息进行了相应的规定，个人信息依法受到保护。因此，个人信息处理已跨越无为规则的藩篱，

---

① 参见杨峰、刘先良《卡—梅框架下我国排污权担保的规则配置研究》，《现代法学》2019 年第 5 期。

无为规则适用于探索个人信息处理中的未知领域。

五　管制规则

管制规则是经济学家很早就在讨论的规则类型，它意味着国家对私人交易的干预，是指在严格限定的法定条件下，允许私人交易进行[1]。在法经济学鼻祖亚当·斯密看来，某些市场天生就需要管制，没有管制就无法保证市场的交易秩序，从而陷入市场失灵[2]。自由交易市场要求消除"外部性"，需要制度从两个维度维护自愿平等的交易，既要保护自由交易市场，又要治理不正当的市场力量对自由市场的干预和破坏。管制规则通过对市场进入退出、交易方式等的制度设计，"校正交易"进行自由定价，不仅保证私人自由交易的效用，还能促进社会公共价值实现和社会福利增进。

财产规则虽充分赋予权利人私权的数据信息自决力和支配力，实践操作中不能为个人信息提供合理保护，还有可能限制个人信息流通，进而阻碍了大数据产业和人工智能的发展。责任规则通过"强买""强卖"的方式"征用"信息主体的法益，一定程度上克服了高额的交易成本和交易障碍，但由于司法定价的缺陷和道德风险存在，责任规则使得信息主体暴露在较大的侵权风险中，事后又难以获得公平合理的救济。财产规则或责任规则之所以存在困境，深层原因在于个人信息性质的特殊性，即个人信息兼具私人产品和公共产品属性。个人信息的双重属性决定了简单依靠私权救济，难以为信息主体提供充分保护。私人性决定了个人信息是社会个体与私人部门交换过程中转移给私人部门的法益，保护个人信息是大数据制度体系的核心价值导向，财产规则具有充分的适用空间；个人

---

[1]　参见凌斌《法律救济的规则选择：财产规则、责任规则与卡梅框架的法律经济学重构》，《中国法学》2012年第6期。

[2]　参见［英］亚当·斯密《国民财富的性质和原因的研究（上）》，郭大力、王亚南译，商务印书馆2008年版，第15页。

信息的公共性是把信息看作是信息主体部分让渡出来的权利，以服务于社会公共利益为核心价值导向，促进数据共享是大数据法律体系建设的目标需求。个人信息的双重属性决定了个人信息保护单纯依靠财产规则或责任规则的私权保护无法实现。考察美国和欧盟的立法规范，并未将个人信息视为私人产品而完全诉诸人格权、财产权或个人信息权的私权保护[①]，而是通过设置一定的"法定标准"，强化对主体资格、转移方式、基本原则、保护手段的制度规定，对数据的收集、处理、存储与使用过程进行管制，确保个人信息收集、存储、使用、加工、传输、提供、公开等这一动态流程中做好风险监控，不损害信息主体的个体利益。

管制规则的运用，可以在一定程度上克服自由交易市场上财产规则的缺陷和损害赔偿之责任规则的不足，为正当的权利保护和合理的个人信息处理行为明晰边界。就中国实践而言，受传统"父爱主义"意识影响，在个人信息保护方面，政府公共部门往往可以通过改变标准、设置市场进出条件、执法监督等多种方式，将政府管制贯穿于个人信息处理的前端风险防范、中端监督和末端行政惩处，因而比司法部门更具有制度优势。

（一）防控与分配风险

数据共享是数字经济时代的必然趋势，个人信息收集、存储、加工、流通过程中信息安全与风险防控问题显得尤为突出。当前，个人信息在处理过程中面临着数据质量低效果差等所导致的风险[②]。在每一环节都存在风险，关系到对个人信息的侵犯、国家安全的危及和影响社会稳定。由于风险来源多元化、复杂化，风险分配机制不完善，导致责任主体、分担比例不明确，使得"谁使用，谁负担"的风险分配原则难以实施，严重影响风险分配的合理性和正义性。防控和分配风险将是未来立法和司法规制中的关键问题。结合

[①] 参见丁晓东《个人信息私法保护的困境与出路》，《法学研究》2018年第6期。
[②] 参见冯志宏《大数据视阈下的风险分配正义》，《广西社会科学》2017年第6期。

域内外的实践经验和有益探索，运用更加灵活的管制规则能够通过"三同时"制度，将个人信息的安全风险防控与分配纳入数据安全防控体系中，建立多元的参与主体和互动机制，将风险控制在合理范围内，这样既符合保护个人数据信息安全，又提高了数据业者的安全风险防控能力。

（二）协调信息主体权利与数据流通共享

从个人信息经由隐私权保护到信息自主控制的保护模式表明，个人信息已经从消极防卫发展到积极利用。赋予信息主体个人信息之法权，信息主体有权主张停止侵害，比如停止收集、加工、转移、删除个人信息，查询更正个人数据信息以及享有信息可携带权。通常，个人信息保护与数据流通共享之间存在一定矛盾的关系，过分强调数据的流通与共享，会对个人的人格权益造成冲击；过分保护个人信息，会阻碍数据信息效用价值的发挥[1]。无论是理论上还是司法实践中都较为关注个人信息保护，原因在于个人信息的价值性。个人信息的收集、加工、建模分析以及转移使用，不仅仅关系到信息主体的人格利益和经济利益，更重要的是，个人信息的利用是数字经济时代创造巨大价值的有效方式。信息主体提供或生产个人信息，当且仅当信息主体因提供数据信息所获得的收益（如个性化服务、减免费用、获得某些专属特权）大于其所付出的成本（如信息泄露引起的诈骗、价格歧视、社会分选等）时，理性的信息主体才会分享个人数据信息。在制度设计上应妥善处理个人信息保护与数据流通共享之间的矛盾与冲突，在保护个人信息的基础上注重发挥个人信息的经济效用，促进个人信息的分享水平，增加正外部性溢出进而提高社会福利水平。同时，在数据共享中应强化个人信息保护，不能片面强调个人信息利用而弱化对个人信息权利的保护。管制规则运用，既保护信息主体对个人信息的意思自治

---

[1] 参见王利明《数据共享与个人信息保护》，《现代法学》2019年第1期。

权和信息自决权,又保障信息能够充分流通与共享。

(三) 平衡多元主体的利益

利益,是社会成员提出的请求或主张,是维系和发展文明,避免社会无序或解体的基础①。著名法理学家罗斯科·庞德通过运用"承认—选择—保护"的逻辑结构,把利益分析法具体运用到真实世界中,根据不同利益诉求提出行之有效的利益保护制度。根据庞德对利益的分类,利益包括个人利益、公共利益和社会利益三类。在三类利益中,关涉个人生活的需求和欲望的是个人利益,关涉政治社会、组织的请求的是公共利益,关涉社会集团的需求和要求的是社会利益。庞德根据三类利益的详细分类,认为利益冲突是社会无法避免的现象,法律应利用价值衡量分析法介入和保护利益。数据收集与共享,可以促进企业商业模式变革和提高经营能力,降低商业成本;可以提高政府治理水平,是政府改革、实现数字政府的基本手段;同时在保障国家安全、维护数据主权方面起着重要作用。大数据的应用,利益衡量已跨越个人信息生产者和收集者、使用者、衍生者间的利益,信息处理者之间的利益私法层面的个体利益,个体利益与社会利益、公共利益的冲突与协调,将是未来法律制度设计的重点。

一方面,管制规则通过设置一定标准,如算法设计标准、数据迁移标准,加强数据流动的安全性评估,建立诸如算法监管与审计制度,保障国家安全和维护数据主权,从而有效维护公共利益。管制规则可以充分保障政府或公共服务部门打破数据市场封闭状态,以较低成本获取数据并为社会大众提供这一公共产品,同时参考域外关于隐私保护官、社会公益组织的制度建设,司法实践中积极探索社会公益诉讼机制,维护社会利益并增进社会福利。另一方面,管制规则通过反垄断、不正当竞争制度等,对信息处理者行为加以

---

① 参见 [美] 罗斯科·庞德《法理学(第三卷)》,廖德宇译,法律出版社 2007 年版,第 133 页。

规范，为信息处理者提供一个"应为"、"可为"和"勿为"的遵循标准，防止自由的数据市场因垄断而形成"数据孤岛"或"数据鸿沟"，为数据流通提供一个良好的环境。同时对数据创新创造加以激励，以保护信息处理者间的利益。结合数据应用的具体场景判断，能够准确界定数据的使用行为是否侵犯权利人的权利，能为个人信息提供充分的保护，也能激励信息主体提供或创造大量的真实的数据，提高经济效率。通过管制规则的灵活运用，明确大数据产业链的相关主体权利义务边界，既不能滥用权利，妨碍他人，也不能负担过重义务，以免减损激励效果，使得个体之间利益、个体与社会、国家利益达到均衡。

第三节 规则类型的协同框架

规则菜单的五种规则类型，在交易成本、效率提升和行为激励等方面的作用和功能各不相同，单独适用某一规则类型会顾此失彼，因而不能满足数字经济时代个人信息保护的多元化、立体化需求。因此，应在厘清交易成本、效率提升和行为激励的基础上，对"卡—梅框架"的菜单规则进行综合协调加以运用，明确权利义务边界、优化权利资源配置，促进个人信息保护与利用在同一向度上发展。立足中国司法实践之现实基础，参考国外个人信息保护的规则选择和适用规律，本书认为，应组合运用菜单规则并分层适用，搭建规则协同框架：在第一位阶中，以有为规则作为个人信息保护的基本原则，无为规则推进未知领域探索；在第二位阶中，以限易规则（管制规则）作为个人信息保护的主规则，禁易规则坚守底线例外适用；在第三位阶中，将财产规则和损害赔偿的责任规则平行设置为三级位阶规则，其中，财产规则是个人信息保护的一般规则，但在满足法定条件时不再适用，而以损害赔偿或补偿的责任规则替代之，即财产规则转化为责任规则。以上组合运用菜单规则，形成五种菜单、三级位阶、两类平行的终端规则组合模式，进而实现规则协同，具体关系如图4-3所示。

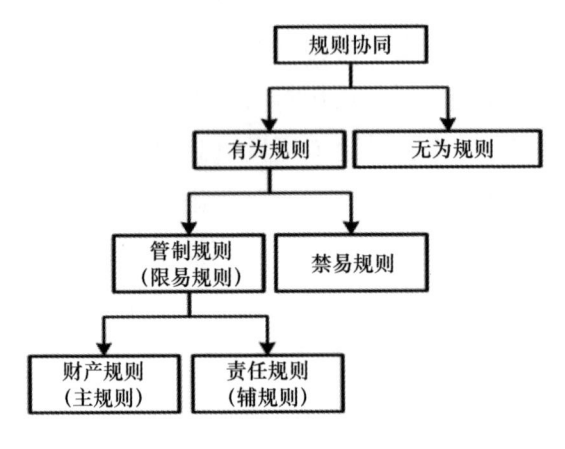

图4-3 规则菜单协同框架

一 主体规则：管制规则统领全局

管制规则是我国个人信息保护的基本规则。一方面，管制规则能克服自由交易下财产规则和责任规则在个人信息保护效果的有限性，通过国家和公共部门对相关风险的管理与规制，建立数据从收集、储存、加工、转移、使用的一套风险管理制度。加强个人数据信息保护的目的，是为了更好促进数据流通与共享，由国家提供数据信息安全这一公共产品，降低社会个体风险和增强数据流通，更符合成本和效率原则。另一方面，个体利益、社会利益和公共利益平衡需要运用管制规则。数据信息流通与利用涉及多方利益，通过利益识别、利益选择界定利益边界，不仅仅是要保护个体对数据信息的支配力和智慧劳动创造者的权利，制度设计还应考虑社会利益和公共利益。知情同意模式或损害赔偿强调个人信息的私权保护，侧重保护社会个体的利益。在数字经济时代，社会福利、公共利益业已成为规则选择的重要标准，既要克服市场的负外部性，同时亦要求平衡个体利益、社会利益和公共利益。

二　平行规则：一般适用财产规则

现代产权观念决定了个体财产遵循财产规则的私权保护，私权的排他性效力要求法益的转移只能在交易双方自愿的基础上进行。无正当理由"强买强卖"法益，以损害赔偿的责任规则代替知情同意的财产规则适用，必将背离传统私权的意思自治性和排他性原则。从比较法的视角来看，无论是欧盟法还是美国法，均从不同的制度层面规定了个人信息保护中财产规则的一般规则。倘若越过财产规则路径，权利人只能寻求更为弱化的损害赔偿救济，由司法定价取代市场定价，将会破坏正常的市场交易秩序。在个人信息保护中，既要警惕过度保护，限制数据产业发展，又要防止非正当地弱化保护水平，导致数据安全难以得到有效保障。

三　平行规则：辅助适用责任规则

整体而言，财产规则是个人信息保护的一般规则，但在某些特殊场景下，责任规则更能以较低交易成本完成法益转移，提高经济效率和改善社会福利。对于个人信息的保护，不能武断评价哪一规则优劣问题，既不能积极主张财产规则的绝对保护，也不能盲目推崇损害赔偿的救济方式，应综合考虑个人信息的特性、交易成本、经济效率等因素，全面考量社会公共利益和公平正义的价值导向。适用责任规则，一方面应考虑损害的可弥补性，当损害可以通过金钱赔偿实现救济，且法院能够对事故损害科学地定性定量时，损害赔偿具有较大的适用余地，此时较财产规则而言，责任规则具有优先性；另一方面，倘若责任规则的适用存在充足的社会、公共利益空间时，通过"强卖强买"手段"征用"私人法益，使得法益从权利人向侵权人转移，通过合理的司法定价，采用责任规则比财产规则更具有效率，交易成本也较低，更有利于实现社会福利增进。

四 例外适用：禁易坚守底线和无为探索未知

法律是对经济社会活动的规范，这就注定了科技发展先于法律，未知问题没有相应的法律规范和调整，使得法律在某些新兴领域中处于空白。数字经济时代，个人信息处理的深度和广度更加复杂，使得某些领域尚未得到认知，不主张、不反对的法律无为立场将会存在于这种未知领域，但这种立场是暂时的，经过一段时间观察、调适和匹配，新兴领域将得到广泛认知，法律将由无为规则向有为规则推进。在我国，大数据发展依靠对个人信息的深度加工和处理，个人信息保护禁易规则在多部成文法中均有体现，以"负面清单"的形式进行列举，明确哪些主体或行为是法律所禁止的，从反面规范个人信息处理，用以坚守个人信息处理的底线，防止信息处理者的处理行为逾越红线。因此，个人信息保护的规则适用中，禁易规则和无为规则只能在特殊情况下适用，在守住信息安全的底线上推进法律对未知领域的探索。

第四节 本章小结

规则是个人信息保护制度的运行准绳和依据。本章"规则适用促进交易效率"的理论逻辑，借助"卡—梅框架"的规则效率分析发现，单一规则各有适用范围和使用缺陷，基于交易成本、社会公共福利等因素的考量，僵化适用财产规则则容易导致市场失灵；基于损害赔偿采取的司法估值模式产生效果的有限性，责任规则并不完全符合成本与效率原则；禁易规则坚守底线适用于特定场合；无为规则探索未知领域；管制规则能够克服财产规则高交易成本的缺陷、弥补损害赔偿的有限效果。由此本章提出应分层适用菜单规则：在第一位阶中，以有为规则作为一级主规则，无为规则推进新领域探索；在第二位阶中，以限易规则（管制规则）作为个人信息保护的基本原则，禁易规则坚守底线；在第三位阶中，将财产规则和损害赔偿的责任规则平行设置为三级位阶规则，其中，财产规则是个人信息保护的一般规则，但在满足法定条件时不再适用，而以损害赔偿或补偿的责任规则替代之，即财产规则转化为责任规则。总体而言，个人信息保护的规则协同，应以管制规则统领全局，以财产规则为主、责任规则为辅作为常备性规则适用，以禁易规则和无为规则作为后援性规则，从而形成五种菜单、三级位阶、两类平行的规则协同框架。

第五章

个人信息保护的行为协同

数字经济时代，个人信息的协同保护制度的真正实现还依赖于激励参与人的合作行为，个人信息协同保护涉及信息主体的个人、信息处理者的数据公司和规制者政府机构多方行为和利益，三者行为相互制约、相互激励，互动有可能趋向合作或者对抗，其中信息主体主要是主张个人权利，保障信息安全和信息利用，作为信息处理者的互联网公司和数据平台主要是在个人信息获取的合法性与数据权利效率之间的保护力度进行决策，而政府的主要行为取向在于个人信息保护和数字经济推动的基础上突出公共利益和社会价值。三者行为的互动成为个人信息保护制度的"落地"重点问题，对此，本章依从"行为博弈激励合作演化"的理论逻辑，聚焦三者行为能否协同及如何协同的问题，用演化博弈探讨其中互动合作特征和合作演化规律。

第一节 个人信息的主体行为博弈及保护困境

一 个人信息的主体行为博弈

数字经济时代，信息成为重要的社会资源和经济资源，个人信息的利用催生信息处理者的商业利益诉求，信息处理者对个人信息商业价值的过度追逐又会导致个人信息滥用、对个人权益的侵害，由此衍生出个人信息处理和保护的问题，这也对政府监管提出新的要求——维护个人信息处理的秩序和正当性。围绕个人信息，理性的信息主体、信息处理者和政府呈现权利多元化、利益冲突化的特征，三者博弈呈现制衡的内在需求和趋势：

（一）信息主体的权利主张

个人信息是能够对个人身份进行识别的信息，包括原始信息如姓名、出生年月等，衍生信息如车牌号、电子邮箱等，它们是对信息主体自然特征和社会活动的数据化记载，因而具有较强的人身性和个体识别性。在《民法典》中，个人信息保护内容置于人权编，体现了保护人格尊严和人格自由，保护人格完整和真实，因此人格权是个人信息保护中的首要价值因素。

相较于传统人格权保护的消极防御，数字经济时代的个人信息的保护诉求从消极防御转向与积极控制的共同推进，权利主张和行使成为社会广泛关注的焦点。一方面，个人信息的保护需求更受重视，数字空间虚拟性、传播便捷性和广泛性导致信息主体更容易受到侵害和威胁；另一方面，日益升华的个人信息商业价值诱使信息处理者等商业组织对个人信息的不当利用，信息主体的短期显性成本难以覆盖长期隐性不当利用的成本，也难以覆盖信息处理者后期深度挖掘引致的不当利用成本。

（二）信息处理者的行为导向

信息处理者通过个人信息的加工、建模和整合，实现精准营销、增强经营效率和商业价值，并且依靠个人信息来评判客户信用，信息资源成为重要的商业要素、无形资产和社会财富。然而，信息处理者又因商业价值而滥用个人信息，滥用会失去信息主体的消费信任和消费信心，脱离市场需求，导致商业价值崩塌。对此，信息处理者应当控制在合理范围，并且需要选择恰当的保护措施和水平，以保障信息主体的核心利益，培植其消费信任，转化商业价值。

(三) 政府的价值导向

正所谓"欲得民必先知民",自古以来国家和政府都在力所能及地收集和整理个人信息,为公共服务和社会治理提供数据支持。与传统政府的中立地位不同,数字经济时代数字政府直接参与个人信息的收集、整理、处理和利用保护,提升政府管理效能和管理服务水平。

现代政府对个人信息的处理过程中,将个人信息视为其实现社会治理的工具。数字政府一方面利用好其掌控的个人信息资源,释放其公共价值和社会价值;另一方面政府也需要维护好、保护好个人信息资源,推动信息主体和信息处理者合作保护,激发个人信息的个人价值、商业价值和集体价值。然而,政府管理和处理个人信息的权力必须受到一定限制,需要在宪法所确立的保障人权的基本原则下有序进行,不能肆意处理,这不仅是对信息主体提供保护,而且是为维护政府自身政权合法性所必须。

二 个人信息保护困境分析

个人信息保护有两条路径,一个是赋予信息主体权利,另一个是对信息处理者科以信息保护的义务。从信息主体的角度来看,对信息主体赋予权利自不待言,个人信息来源和生产始发于信息主体社会交往过程,信息主体有能力和资格行使权利,监督控制信息处理者的处理行为并维护自身权益,但是,信息主体通过知情同意等的权利行使方式来保护其个人信息,由于技术限制和信息不对称的原因,保护往往不尽人意。从信息处理者角度,商业价值最大化是其根本目标,信息处理者若增加个人信息的保护力度,成本也会增加,因而保护的落地往往流于形式,信息处理者对个人信息的处理保护缺乏内在动力。基于上述原因,信息主体和信息处理者就容易陷入囚徒困境的双方博弈:

假设1:在一个自然的环境中,有信息主体和信息处理者两方主体，双方均为有限理性，能够根据对方行为选择及时调整、修正自己的策略选择，从而实现收益最大化。针对个人信息处理过程中的保护问题，信息主体选择"参与"和"不参与"两种行为策略，参与可以是授权、通知、删除等权利的事前事中行使，也可以是信息主体的利益受到侵害时，主张损害赔偿的事后救济。同样，信息主体可以选择"不参与"策略，即对个人信息处理的侵权行为寄希望于企业、行业自律或政府规制。信息处理者针对个人信息的利用行为，可以是为了捕捉更多个人信息、在同业获得数据竞争优势而选择"积极保护"策略，也可以担心投入成本高而选择"消极保护"。

假设2：当信息处理者采取"积极保护"策略时，能够达到个人信息处理过程中的保护效果，同时投入成本也相对较高。当信息处理者采取"消极保护"策略时，投入成本得到节省，而个人的合法利益受到损害，长期看企业也会因声誉丧失、个人信息披露而造成损失。

假设3：当信息主体采取"参与"策略而企业进行积极投入时，信息主体获得参与保护的收益，当信息处理者"消极保护"导致个人利益受到侵害时，个人也可以采取"参与"策略，即通过举报、诉讼等手段维护自身合法权益。信息主体参与时，会产生参与成本。相关参数及其含义如表5–1所示。

表5–1　　　　　　囚徒困境博弈的参数设定及其含义

参数	含义	参数	含义
Rp_1	信息主体参与保护获得的收益	Re_1	信息处理者积极保护时的收益
Rp_2	信息主体参与保护且信息处理者积极保护获得的协同收益	Re_2	信息处理者积极保护且信息主体参与时的协同收益
Cp	信息主体参与保护付出的成本	Ce_1	信息处理者积极保护的成本
Lp	个人信息受消极保护的预期损失	F	信息处理者消极保护的行政罚款
I	信息处理者消极保护时所支付的赔偿金	Ce_2	信息处理者消极保护的成本

根据上述关于信息主体和信息处理者博弈问题描述和研究假设，表5-2给出博弈参与方策略行为的收益矩阵。

表5-2　　　　　　　信息主体与信息处理者博弈支付矩阵

		信息处理者	
		积极保护（y）	消极保护（$1-y$）
信息主体	参与（x）	$Rp_1 + Rp_2 - Cp$, $Re_1 + Re_2 - Ce_1$	$I - Lp - Cp$ $Re_1 - I - Le - Ce_2$
	不参与（$1-x$）	Rp_2 $Re_1 - Ce_1$	$-Lp$ $Re_1 - Ce_2$

以上博弈矩阵刻画了信息主体和信息处理者如何推动个人信息保护的博弈关系变化，双方的策略组合形成可能的博弈均衡（不参与，消极保护）、（不参与，积极保护）、（参与，消极保护）和（参与，积极保护）。其中四种策略组合的收益支付矩阵随着参数变化而变化，从个人信息保护角度而言，最理想的均衡策略是（参与，积极保护）。然而，（不参与，消极保护）的博弈均衡却是大多数个人信息泄露、信息侵害和不正当处理的客观描述。一方面，信息处理者是理性的经济人，以经济利益最大化原则在个人信息保护力度决策方面做出消极策略。一般而言，信息处理者策略行为都有短视性，即为了短期内尽可能创造超额利润而忽视维持个人信息生产的可持续性和高质性，进而产生的长远利益。短期内，无论是声誉损益 Re_2、Le 还是侵权损害赔偿 I 都比较小，而真正关系信息处理者利益 Ce_1 却相对重要、现实，即 $Ce_1 - Ce_2 > Re_2 + I + Le$。故，无论信息主体选择参与保护与否，消极保护策略都是信息处理者的最优策略。另一方面，由于技术、信息的不对称，以及损害证明的困难性，信息主体从节省成本的角度优先选择不参与的策略。因此，信息主体和信息处理者的最优策略所形成的博弈均衡（不参

与，消极保护）解释了实践中许多个人信息侵权中信息主体不参与信息治理、信息处理者未充分投入注意、未把个人信息保护嵌入产品设计和管理环节的主要原因。

上述静态模型表明，信息主体和信息处理者都有一定的个人信息保护机会和动机，参与成本及合作收益是影响博弈主体决策和囚徒困境的主要动因，但是信息主体和信息处理者的策略选择还受政府监管规制、长期动态演化等因素制约，这些因素如何改变双方囚徒困境的博弈格局走向合作，值得深入研究分析。如何消解信息处理者的短视囚徒困境，机制设计上激励市场主体参与治理、创造合作收益尤为关键，这就必须引入控制方法，即政府部门的监督管理，并置于同一博弈框架保障私主体的协作、共同参与个人信息保护，一方面，信息主体的参与，使之发挥积极作用，信息处理者不合理的处理行为将得到抑制；另一方面，三方参与的协同保护有利于改变数据交易的市场力量，提升信息处理者在个人信息处理过程中管理、服务质量，促进个人信息流动中的三角博弈关系向更为合理的合作博弈转化。

第二节 主体行为的演化模型

一 政府协同规制的合理性

在利益错综复杂的个人信息处理市场，单一主体参与的保护模式往往难以奏效。在技术垄断、信息极度不对称性的个人信息处理市场，政府享有更好的谈判地位，在实施监督和激励方面能扮演好"家长式"的治理模式，实现有效的道德风险和个人信息保护。在过往的实践中，许多国家以同意机制为基础的"数据自治"，或尝试对信息处理者设置强制义务，科以处罚来提高个人信息保护效率，这导致了政府或信息主体的保护成本逐渐增加，而不合理、不正确的个人信息处理行为仍然时有发生，个人信息的侵权行为也频繁发生。有别于隐私和网络时代政府的中立地位，政府在大数据时代个人信息保护中兼具管理者和处理者的双重身份，既要积极掌握和利用个人信息以承担社会管理和社会福利的职能，又要进一步探索个人信息利用的限度和价值，同时负有保护信息主体人格、财产权的责任。因此，抑制道德风险从而降低个人信息处理的不当行为发生，仅靠信息主体力量无法实现，还需借助合作协同的秩序配合之力，即引入政府，通过政府、信息主体和信息处理者三者参与和协作，以市场规律来作用和影响个人信息处理活动，发挥政府、信息主体和信息处理者的责任意识，将公权力与私权利相结合，驱动个人信息单一保护模化为多元主体协同合作，逐步消减个人信息处理活动中各种风险。多方主体协同合作对于提高个人信息保护效率、节省保护成本具有积极的作用。因此，在主体协同合作下研究个人信息保护问题具有现实可能。

　　当前关于个人保护的理论研究成果颇多，但此类研究成果主要集中在个人信息保护的法学理论探讨，即使针对个人信息安全的实证研究，大部分是个人与企业之间进行两方博弈，鲜有学者深入个人信息交易市场的不同种群分类，以及政府作为决策者、管理者在个人信息权属、交易和流转中的功能和作用，来研究在政府介入后原有群体的行为选择，未体现个人信息保护中存在的参与主体间的合作博弈。由于技术、信息掌握的差异，信息主体与信息处理者会做出不同的策略选择。不理想的策略选择可能会导致对抗、保护不力的严重后果。因此，本节构建了政府、信息主体以及信息处理者三方主体关于个人信息协同保护的演化合作博弈模型，探寻三方合作博弈主体在不同条件下的演化走向，并对主要影响因素进行测度，寻求三方合作博弈系统稳定于最优点的参数条件，从而提出促进政府、信息主体以及信息处理者三方主体向最优稳定均衡状态演化的对策和措施。

二 基本假设及模型构建

根据日常活动理论的核心观点,机会、动机和控制方法是防止侵权行为和促进合作保护的核心要素,个人信息保护本质就是防范和规制个人信息侵权,促进合作保护。因此,本节以机会、动机和控制方法三要素对个人信息合作保护展开机制分析,从而为三方合作博弈奠定理论基础。首先,机会解释信息处理者为何有能力对个人信息进行消极保护,它指信息处理者消极保护出现时间性的有利情况和契机。其次,动机是影响、决定信息处理者消极保护的心理倾向,解释信息处理者为何寻求消极保护。控制方法用于政府保护信息主体免受机会和动机带来的危害,主要是通过制定一系列的规则并监督执行,找出侵权行为发生的机会和动机,并采用一定方法对其进行纠正和控制,进而保障个人信息处理符合法律规范,实现三方合作保护的目标。

机会的对象是信息主体,而动机的实施主体是信息处理者,控制方法由政府部门所掌控。上述三方主体都是有限理性群体,因而通过构建三方演化博弈模型进一步讨论个人信息协同保护机制。按照日常活动理论的理论假设,信息处理者消极保护的动机来自保护的注意水平提高而造成投入成本大、违法成本低等经济利益考量,因此信息处理者积极保护成本高于消极保护成本;其中的机会也体现在信息主体作为拥有个人信息权利的一方是否愿意或者有能力主张权利,将处理者保护不力的信息传递给政府部门;控制方法主要由政府部门掌握、推动和调整,传统管理的效率严重依赖于政府部门自身对信息处理者滥用个人信息和保护缺失问题的检测、判断和评估的能力,而协同管理模式强调激励信息主体的积极参与,政府以信息主体的评论响应为基础构建协同保护理念的监测预警体系。依据以上分析提出如下假设:

(一)基本假设

(1)假设在一个自然的环境中,存在一个由政府、信息主体、信息处理者所构成的博弈系统，政府、信息主体、信息处理者均为有限理性，能够根据对方行为选择来调整、修正自己的行为选择，从而实现利益最大化。

（2）信息处理者对个人信息的保护力度可分为积极保护和消极保护两种策略选择，积极保护成本 Ce_1 大于消极保护成本 Ce_2，同时通过利用个人信息形成数据产品的销售收益为 Re_1。

（3）信息主体对待个人信息保护也有参与和不参与两种策略，其中参与能识别信息处理者的保护力度和水平以及信息受到侵害的情况，并可以通过损害赔偿主张自己的权利；而不参与策略则被动接受信息处理者保护力度。信息主体参与保护的显性成本为 Cp，参与保护的收益为 Rp_1。信息处理者积极保护够帮助信息主体降低信息侵权风险，信息主体由信息处理者的积极保护而增加的溢出收益 Rp_2，但信息处理者积极保护对不参与保护的信息主体的溢出收益不大，否则会衍生出泛滥的搭便车问题。与此同时，信息主体采取参与策略会给积极保护的信息处理者予以正面反馈，从而形成声誉效应，积极保护的信息处理者获取正面反馈，形成声誉收益为 Re_2。信息处理者的消极保护会造成个人信息权利侵害，体现为长期隐性不当利用的成本和后期深度挖掘引致的不当利用成本，从而导致信息主体的损失 Lp，而信息主体采取参与保护，则能有效识别信息处理者的消极保护策略，从而可以主张由信息处理者赔偿 I，因信息主体负面反馈给信息主体带来声誉损失为 Le。

（4）政府可采用协同管理和传统管理两种策略对个人信息处理和保护活动进行监督管理，由于协同管理需要政府更多的关注、投入更多，因此协同管理的成本 Cg_1 大于传统管理成本 Cg_2，无论是协同管理还是传统管理均聚焦对信息处理者消极保护行为的识别，从而来规制个人信息的侵害事件，由于协同管理增加信息主体的信息反馈，从而协同管理对信息处理者消极保护的识别效率 α 高于传统管理的识别效率 β，政府识别信息处理者的消极保护会对信息处理者

处以罚金 F。政府管理维护市场的秩序，保障信息主体权利和信息处理者合规开展信息保护活动，由此能为政府增加社会效益 Rg。

（5）三方为动态演化博弈，设信息主体选择参与的概率为 x，选择不参与的概率为 $1-x$；信息处理者选择积极保护的概率为 y，选择消极保护的概率为 $1-y$；政府选择严格管理的概率为 z，选择宽松管理的概率为 $1-z$。

上述相关参数及含义见表 5-3。

表 5-3　　　　三方协同博弈的参数设置及其含义

参数	含义	参数	含义
Rp_1	信息主体参与保护获得的收益	Re_1	信息处理者积极保护时的收益
Rp_2	信息处理者积极保护对信息主体参与保护的协同收益	Re_2	信息处理者积极保护且信息主体参与时的协同收益
Cp	信息主体参与保护付出的成本	Ce_1	信息处理者采取积极投入行为的成本
Lp	个人信息受侵害时的损失	Ce_2	信息处理者采取消极投入行为的成本
Rg_1	政府管理时获得的收益	I	信息处理者消极保护时所支付的赔偿金
Rg_2	政府管理且信息主体参与时获得的协同收益	F	信息处理者消极投入时受到的行政罚款
Cg_1	政府协同管理时付出的监管成本	α	政府采用协同管理时对个人信息处理行为的识别效率
Cg_2	政府传统管理时付出的监管成本	β	政府采用传统管理时对个人信息处理行为的识别效率
x	信息主体选择参与的概率	$1-x$	信息主体选择不参与的概率
y	信息处理者积极保护的概率	$1-y$	信息处理者消极保护的概率
z	政府选择严格管理的概率	$1-z$	政府选择宽松管理的概率
Le	声誉损失		

（二）模型构建

根据上述模型假设，政府和信息主体、信息处理者构成的三方博弈系统中，通过对三方不同策略计算，形成表 5-4 的支付矩阵。

表 5-4　　　　　　　　　三方演化博弈的支付矩阵

博弈方			政府	
			协同管理	传统管理
信息主体	参与 x	信息处理者	积极保护 y	$Rp_1 + Rp_2 - Cp$ $Re_1 + Re_2 - Ce_1$ $Rg_1 + Rg_2 - Cg_1$	$Rp_1 + {}_1Rp_{2z} - Cp$ $Re_1 + Re_2 - Ce_1$ $Rg_1 - Cg_2$
			消极保护 $1-y$	$\alpha I - Lp - Cp$ $Re_1 - \alpha I - \alpha F - Le - Ce_2$ $\alpha Rg_1 + Rg_2 - Cg_1 + \alpha F$	$\beta I - Lp - Cp$ $Re_1 - \beta F - \beta I - Le - Ce_2$ $\beta Rg_1 + \beta F - Cg_2$
	不参与 $1-x$	企业 B	积极保护 y	Rp_2 $Re_1 - Ce_1$ $Rg_1 - Cg_1$	Rp_2 $Re_1 - Ce_1$ $Rg_1 - Cg_2$
			消极保护 $1-y$	$\beta I - Lp$ $Re_1 - \beta F - \beta I - Ce_2$ $\beta Rg_1 - Cg_1 + \beta F$	$\beta I - Lp$ $Re_1 - \beta F - \beta I - Ce_2$ $\beta Rg_1 - Cg_2 + \beta F$

三　复制动态方程

信息主体、信息处理者、政府三方主体之间的行动相互关联、作用和影响，都会根据他方的策略选择来修正自己的行为策略，从而取得最大期望收益。根据表 5-4 中信息主体、信息处理者、政府三方博弈的支付矩阵，建立参与主体的复制动态方程，从而计算博弈主体的演化过程和稳定性。现分别求各自策略选择的期望效用以及群体效用。

信息主体选择参与和不参与保护策略的期望效用及群体效用分别为：

$$Up = yz(Rp_1 + Rp_2 - Cp) \\ + y(1-z)(Rp_1 + Rp_2 - Cp) \\ + (1-y)z(\alpha I - Lp - Cp) \\ + (1-y)(1-z)(\beta I - Lp - Cp) \tag{5.1}$$

$$U\bar{p} = yzRp_2 + y(1-z)Rp_2 \\ + (1-y)z(\beta I - Lp) \\ + (1-y)(1-z)(\beta I - Lp) \quad (5.2)$$

$$\bar{U}p = xUp + (1-x)U\bar{p} \quad (5.3)$$

信息处理者选择积极投入和消极投入的期望效用及种群效用分别为：

$$Ue = xz(Re_1 + Re_2 - Ce_1) \\ + x(1-z)(Re_1 + Re_2 - Ce_1) \\ + (1-x)z(Re_1 - Ce_1) \\ + (1-x)(1-z)(Re_1 - Ce_1) \quad (5.4)$$

$$U\bar{e} = xz(Re_1 - \alpha I - \alpha F - Le - Ce_2) \\ + x(1-z)(Re_1 - \beta F - \beta I - Le - Ce_2) \\ + (1-x)z(Re_1 - \beta F - \beta I - Ce_2) \\ + (1-x)(1-z)(Re_1 - \beta F - \beta I - Ce_2) \quad (5.5)$$

$$\bar{U}e = yUe + (1-y)U\bar{e} \quad (5.6)$$

政府选择监管与不监管的期望效用及种群效用分别为：

$$Ug = xy(Rg_1 + Rg_2 - Cg_1) \\ + x(1-y)(\alpha Rg_1 + Rg_2 - Cg_1 + \alpha F) \\ + (1-x)y(Rg - Cg_1) \\ + (1-x)(1-y)(\beta Rg - Cg_1 + \beta F) \quad (5.7)$$

$$U\bar{g} = xy(Rg - Cg_2) \\ + x(1-y)(\beta Rg + \beta F - Cg_2) \\ + (1-x)y(Rg - Cg_2) \\ + (1-x)(1-y)(\beta Rg - Cg_2 + \beta F) \quad (5.8)$$

$$\bar{U}g = zUg + (1-z)U\bar{g} \quad (5.9)$$

由演化博弈的 Malthusian 方程理论可知，信息主体选择参与策略的复制动态方程为：

$$F(x) = \frac{dx}{dt} = x(Up - \bar{U}p) = x(1-x)(Up - U\bar{p}) \\ = x(1-x)[yRp_1 + (1-y)z(\alpha-\beta)I - Cp] \quad (5.10)$$

同理可知处理者和政府的复制动态方程为：

$$F(y) = \frac{dy}{dt} = y(1-y)\begin{bmatrix} x(Re_2 + Le) \\ + xz(\alpha-\beta)(F+I) \\ + [\beta(F+I) - (Ce_1 - Ce_2)] \end{bmatrix} \quad (5.11)$$

$$F(z) = \frac{dz}{dt} = z(1-z)\begin{bmatrix} x(1-y)(\alpha-\beta)(Rg_1 + F) \\ + xRg_2 - (Cg_1 - Cg_2) \end{bmatrix} \quad (5.12)$$

由上述三个种群的复制动态方程可得三维动力系统（I）：

$$\begin{cases} F(x) = x(1-x)[yRp_1 + (1-y)z(\alpha-\beta)I - Cp] \\ F(y) = y(1-y)\begin{bmatrix} x(Re_2 + Le) \\ + xz(\alpha-\beta)(F+I) \\ + [\beta(F+I) - (Ce_1 - Ce_2)] \end{bmatrix} \\ F(z) = z(1-z)\begin{bmatrix} x(1-y)(\alpha-\beta)(Rg_1 + F) \\ + xRg_2 - (Cg_1 - Cg_2) \end{bmatrix} \end{cases} \quad (5.13)$$

为方便运算，令：

$A = (\alpha-\beta)I$; $B = Re_2 + Le$; $C = (\alpha-\beta)(F+I)$; $D = \beta(F+I) - (Ce_1 - Ce_2)$; $E = (\alpha-\beta)(Rg_1 + F)$; $G = Cg_1 - Cg_2$

上述三维动力系统（I）可以简化为：

$$\begin{cases} F(x) = x(1-x)[yRp_1 + (1-y)zA - Cp] \\ F(y) = y(1-y)(xB + xzC + D) \\ F(z) = z(1-z)[x(1-y)E + xRg_2 - G] \end{cases} \quad (5.14)$$

推论1：在复制动态方程组（14）中，当 $\frac{dx}{dt} = 0$，$\frac{dy}{dt} = 0$ 和

$\frac{dz}{dt}=0$ 时，一定存在 $E_1(0,0,0)$、$E_2(0,0,1)$、$E_3(0,1,0)$、$E_4(1,0,0)$、$E_5(1,1,0)$、$E_6(1,0,1)$、$E_7(0,1,1)$、$E_8(1,1,1)$ 的八个纯策略平衡点，同时还可能存在 $E_9\left(1,\frac{E-Rg_2+G}{E},-\frac{B+D}{C}\right)$、$E_{10}\left(-\frac{D}{B},\frac{Cp}{Rp_1},0\right)$、$E_{11}\left(-\frac{D}{B+C},\frac{Cp-A}{Rp_1-A},1\right)$、$E_{12}\left(\frac{G}{E+Rg_2},0,\frac{Cp}{A}\right)$ 的四个单种群采纳纯策略平衡点。其中，E_9 的存在条件是 $0<\frac{E-Rg_2+G}{E}<1, 0<-\frac{B+D}{C}<1$，同理可知其他3个点的存在条件。

证明：在复制动态方程组（14）中，当 $x=0$、1，$y=0$、1，$z=0$、1 时，满足 $\frac{dx}{dt}=0$，$\frac{dy}{dt}=0$ 和 $\frac{dz}{dt}=0$，故 $(0,0,0)$、$(0,0,1)$、$(0,1,0)$、$(1,0,0)$、$(1,1,0)$、$(1,0,1)$、$(0,1,1)$、$(1,1,1)$ 是系统局部均衡点。当 $0<x,y,z<1$ 时，若 $\begin{cases}xB+xzC+D=0\\x(1-y)E+xRg_2-G=0\end{cases}$，$F(x)=F(y)=F(z)=0$，若满足 $0<\frac{E-Rg_2+G}{E},-\frac{B+D}{C}<1$，则 $E_9\left(1,\frac{E-Rg_2+G}{E},-\frac{B+D}{C}\right)$ 是系统的平衡点。同理，若满足一定条件，也存在 $E_{10}\left(-\frac{D}{B},\frac{Cp}{Rp_1},0\right)$、$E_{11}\left(-\frac{D}{B+C},\frac{Cp-A}{Rp_1-A},1\right)$、$E_{12}\left(\frac{G}{E+Rg_2},0,\frac{Cp}{A}\right)$ 3个系统平衡点。

推论2：演化系统可能存在一个混合策略均衡点（x^*,y^*,z^*），且（x^*,y^*,z^*）$\in(0,1)$。

证明：当 $0<x,y,z<1$ 时，若 $A(x^*,y^*,z^*)=B(x^*,y^*,z^*)=C(x^*,y^*,z^*)$，则有 $F(x)=F(y)=F(z)=0$，根据复制动态方程组可知：

$$\begin{cases} M(x,y,z) = yRp_1 + (1-y)zA - Cp = 0 \\ N(x,y,z) = xB + xzC + D = 0 \\ P(x,y,z) = x(1-y)E + xRg_2 - G = 0 \end{cases} \quad (5.15)$$

求解方程组（5.15）可得（x^*,y^*,z^*），（x^*,y^*,z^*）是系统（I）可能存在平衡点，且（x^*,y^*,z^*）$\in (0,1)$。

根据 Ritzberger 和 Weibull（1996）[①] 的研究，非对称博弈的混合策略均衡一定不是演化稳定均衡 E，此处不再作讨论。本书三方演化博弈只需讨论纯策略均衡讨论 $E_1(0,0,0)$、$E_2(0,0,1)$、$E_3(0,1,0)$、$E_4(1,0,0)$、$E_5(1,1,0)$、$E_6(1,0,1)$、$E_7(0,1,1)$、$E_8(1,1,1)$点的渐进稳定性即可，其中 $E_8(1,1,1)$是演化博弈趋向合作、趋向协同的理想均衡。

第三节　主体行为的均衡稳定性

用 Friedman 提出的演化博弈局部稳定性分析法对政府、信息主体和信息处理者的三方演化稳定进行分析，有利于后续进一步进行数值模拟仿真分析。

一　演化策略的稳定条件

根据复制动态方程的稳定性定理，信息主体、信息处理者和政府的稳定性策略可用均衡点（x,y,z）代入式（5.14）进行判断分析。

（一）信息主体的稳定条件

根据前述分析，信息主体参与保护的复制动态方程为：$F(x) = x(1-x)[yRp_1 + (1-y)zA - Cp]$。当 $F(x) = 0, F'(x) < 0$ 时，x 为

[①] See Selten, R., "A Note on Evolutionarily Stable Strategies in Asymmetric Animal Conflicts", *Journal of Theoretical Biology*, Vol. 84, No. 1, 1980, pp. 93 – 101.

演化稳定策略。令 $F(x) = 0$，可得 $x = 0, 1$，$y^* = \dfrac{Cp - zA}{Rp_1 - zA}$。

（1）当 $y = y^*$ 时，$F(x) = 0$ 恒成立，这表明所有水平均为稳定状态，信息主体策略选择概率 x 不会随时间变化而产生变动。

（2）当 $y > y^*$ 时，$x = 0, 1$ 是信息主体的两个策略，而 $F'(0) > 0, F'(1) < 0$，故 $x = 1$ 是稳定点，意味着信息主体积极参与时增加的收益大于所支付的成本，积极参与是信息主体的演化稳定策略。

（3）当 $y \leqslant y^*$ 时，$F'(0) < 0, F'(1) > 0$，故 $x = 0$ 是稳定点，表明信息主体积极参与的收益小于成本，信息主体不参与保护是演化稳定策略。

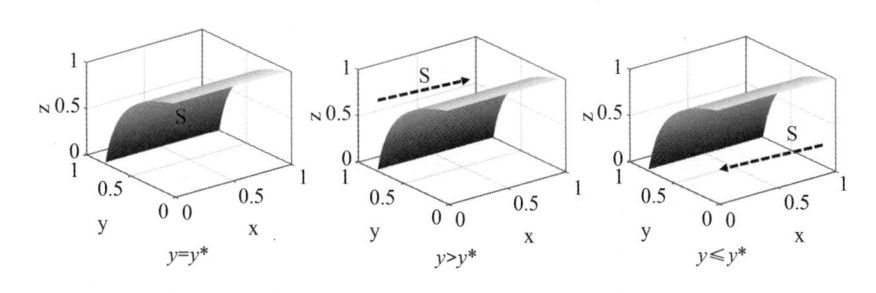

图 5-1　信息主体策略演化规律

（二）信息处理者的稳定条件

信息处理者积极保护的复制动态方程为：$F(y) = y(1 - y)(xB + xzC + D)$。当 $F(y) = 0$，$F'(y) < 0$ 时，y 为演化稳定策略。令 $F(y) = 0$，可得 $y = 0, 1$，$x^* = -\dfrac{D}{B + zC}$。

（1）当 $x = x^*$ 时，$F(y) = 0$ 恒成立，这表明所有水平均为稳定状态，信息处理者策略选择概率 y 不会随时间变化而产生变动。

（2）当 $x > x^*$ 时，$y = 0, 1$ 是信息处理者的两个策略，而

$F'(0) > 0$，$F'(1) < 0$，故 $y = 1$ 是稳定点，意味着信息处理者积极投入时增加的收益大于所支付的成本，积极投入是信息处理者的演化稳定策略。

（3）当 $x \leq x^*$ 时，$F'(0) < 0$，$F'(1) > 0$，故 $y = 0$ 是稳定点，表明信息处理者积极投入产生的收益小于成本，信息处理者消极投入是演化稳定策略。

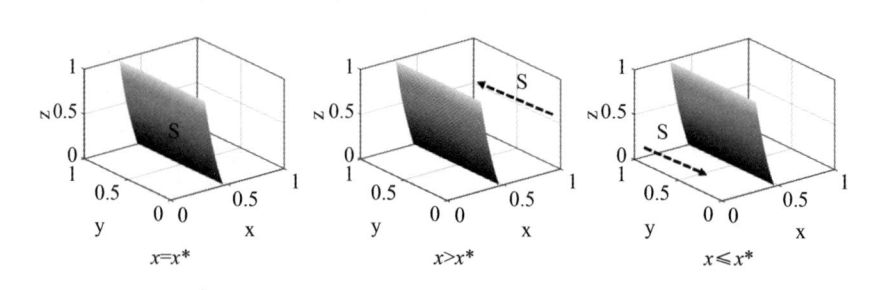

图 5-2 信息处理者策略演化规律

（三）政府的稳定条件

政府协同管理的复制动态方程为：$F(z) = z(1-z)[x(1-y)E + xRg_2 - G]$。当 $F(z) = 0$，$F'(z) < 0$ 时，z 为演化稳定策略。令 $F(z) = 0$，可得 $z = 0, 1$，$y^* = -\dfrac{xE - xRg_2 - G}{xE}$。

（1）当 $y = y^*$ 时，$F(z) = 0$ 恒成立，这表明所有水平均为稳定状态，政府策略选择概率 z 不会随时间变化而产生变动。

（2）当 $y > y^*$ 时，$z = 0, 1$ 是政府的两个策略，而 $F'(0) > 0$，$F'(1) < 0$，故 $z = 1$ 是稳定点，意味着政府协同管理时增加的收益大于所支付的成本，协同管理是政府的演化稳定策略。

（3）当 $y \leq y^*$ 时，$F'(0) < 0$，$F'(1) > 0$，故 $z = 0$ 是稳定点，表明政府协同管理的收益小于成本，政府传统管理是演化稳定策略。

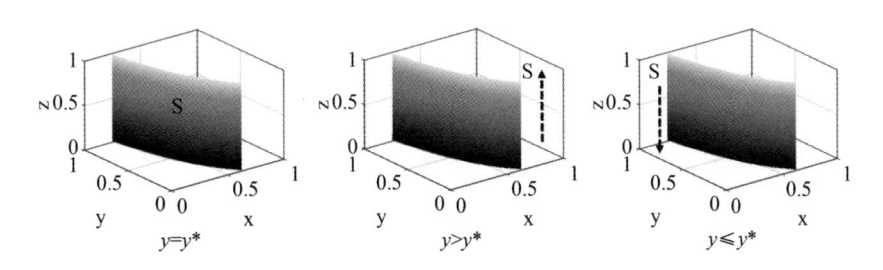

图 5-3 政府策略演化规律

二 演化系统均衡点

根据 Friedman[①] 的研究可知, 博弈系统的演化均衡点（ESS）的稳定点可由雅克比矩阵的特征值 λ 进行判断。根据李雅普诺夫稳定点判别法（间接法）[②] 的研究,平衡点有三种情形: 一是当特征值 λ 全部大于零时,平衡点称之为源点,源点是不稳定点; 二是当特征值 λ 同时存在大于零和小于零时,平衡点称之为鞍点,鞍点也是不稳定点; 三是当特征值 λ 全部小于零时,此时平衡点称之为汇点,也是演化博弈的稳定点。信息主体、信息处理者和政府三方演化博弈的 Jacobian 矩阵为:

$$\begin{bmatrix} (1-2x)[yRp_1+(1-y)zA-Cp] & x(1-x)[Rp_1-zA] & x(1-x)(1-y)A \\ y(1-y)(B+zC) & (1-2y)(xB+xzC+D) & y(1-y)xC \\ z(1-z)[(1-y)E+Rg_2] & -z(1-z)xE & (1-2z)[x(1-y)E+xRg_2-G] \end{bmatrix}$$

(5.17)

根据式 (5.17), 三方演化博弈局部均衡的特征值见表 5-5。

---

① See Friedman, D., "Evolutionary Games in Economics", *Econometrica*, Vol. 59, No. 3, 1991, pp. 637-666.

② 参见郭亮、王俐《现代控制理论理论基础》,北京航空航天大学出版社 2013 年版,第 127—128 页。

表 5 -5　　　　三方演化博弈的特征值及稳定性存在条件

均衡点	特征值 λ_1	特征值 λ_2	特征值 λ_3	汇点稳定性条件
$E_1(0,0,0)$	$-Cp$	D	$-G$	$-Cp<0, D<0, -G<0$
$E_2(0,0,1)$	$A-Cp$	D	G	不稳定点
$E_3(0,1,0)$	Rp_1-Cp	$-D$	$-G$	$Rp_1-Cp<0, -D<0, -G<0$
$E_4(1,0,0)$	Cp	$B+D$	$E+Rg_2-G$	不稳定点
$E_5(1,1,0)$	$Cp-Rp_1$	$-(B+D)$	Rg_2-G	$Cp-Rp_1<0, -(B+D)<0,$ $Rg_2-G<0$
$E_6(1,0,1)$	$Cp-A$	$B+C+D$	$-(E+Rg_2-G)$	$Cp-A<0, B+C+D<0,$ $-(E+Rg_2-G)<0$
$E_7(0,1,1)$	Rp_1-Cp	$-D$	G	不稳定点
$E_8(1,1,1)$	$Cp-Rp_1$	$-(B+C+D)$	$-(Rg_2-G)$	$Cp-Rp_1<0, -(B+C+D)<0,$ $-(Rg_2-G)<0$

根据表 5-5，分别以 $E_2(0,0,1)$ 和 $E_3(0,1,0)$ 为例讨论其渐进稳定性。

系统（Ⅰ）平衡点 $E_2(0,0,1)$ 的 Jacobian 矩阵为：

$$\begin{bmatrix} A-Cp \\ D \\ G \end{bmatrix} \quad (5.18)$$

此时 Jacobian 矩阵的特征值 $\lambda_1=A-Cp$，$\lambda_2=D$，$\lambda_3=G$，根据假设条件，政府协同管理成本大于传统管理成本，故 $G>0$，这不满足李亚普洛夫所有特征值均小于零的稳定性条件，因此 $E_2(0,0,1)$ 是不稳定的点。同理可以判断 $E_4(1,0,0)$、$E_7(0,1,1)$ 也是不稳定点。

系统（Ⅰ）平衡点 $E_3(0,1,0)$ 的 Jacobian 矩阵为：

$$\begin{bmatrix} Rp_1-Cp \\ -D \\ -G \end{bmatrix} \quad (5.19)$$

此时 Jacobian 矩阵的特征值 $\lambda_1 = Rp_1 - Cp$，$\lambda_2 = -D$，$\lambda_3 = -G$，当全部特征值 $\lambda < 0$ 时，即 $Rp_1 - Cp < 0$，$-D < 0$，$-G < 0$，这是平衡点 $E_3(0,1,0)$ 由不稳定点演化为稳定点的前提条件，其他平衡点的稳定性如表 5-5 所示。观察各平衡点稳定性条件可以发现，不同条件之间出现冲突情形，这反映出三方博弈不完全为稳定均衡点。

三 决策过程及稳定性分析

当某个平衡点满足特征值 $\lambda_1 < 0$，$\lambda_2 < 0$，$\lambda_3 < 0$ 时，复制动态系统（I）的局部渐进均衡点为演化稳定策略（ESS），具有防止入侵扰动的能力。利用 Jacobian 矩阵局部稳定分析法，求解不同条件下系统局部平衡点的稳定性，排除 5.3.2 已作分析的 $E_2(0,0,1)$、$E_4(1,0,0)$、$E_7(0,1,1)$ 不稳定点，并结合前文假设条件，系统平衡点存在以下几种情形，如表 5-6 所示。

表 5-6　　　　　　三方演化博弈系统的稳定情形一览表

情形	条件	稳定策略
1	$-Cp < 0$，$\beta(F+I) - (Ce_1 - Ce_2) < 0$，$Cg_1 - Cg_2 > 0$	$E_1(0,0,0)$
2	$Rp_1 - Cp < 0$，$\beta(F+I) - (Ce_1 - Ce_2) > 0$，$Cg_1 - Cg_2 > 0$	$E_3(0,1,0)$
3	$Cp - Rp_1 < 0$，$Re_2 + Le + \beta(F+I) - (Ce_1 - Ce_2) > 0$，$Rg_2 - (Cg_1 - Cg_2) < 0$	$E_5(1,1,0)$
4	$Cp - (\alpha-\beta)I < 0$，$Re_2 + Le + \alpha(F+I) - (Ce_1 - Ce_2) < 0$，$(\alpha-\beta)(Rg_1 + F) + Rg_2 - (Cg_1 - Cg_2) > 0$，	$E_6(1,0,1)$
5	$Cp - Rp_1 < 0$，$Re_2 + Le + \alpha(F+I) - (Ce_1 - Ce_2) > 0$，$Rg_2 - (Cg_1 - Cg_2) > 0$	$E_8(1,1,1)$

情形 1：当 $\beta(F+I) - (Ce_1 - Ce_2) < 0$ 时，三方博弈主体经演化后，特征值 $\lambda_1 < 0$，$\lambda_2 < 0$，$\lambda_3 < 0$，信息主体、信息处理者和政府净收益均为负值，博弈稳定点为 $E_1(0,0,0)$。

参与三方决策过程为：信息处理者方面，当消极保护获利大于积极保护策略时，消极保护的期望效用高于积极保护的期望效用，基于利益最大化的信息处理者会选择积极保护个人信息。此时，信息主体参与保护的成本大于收益，其参与保护动力不足，政府选择协同管理也会产生较高的管理成本，博弈三方最终演化为（不参与，消极保护，传统管理）策略。

情形2：当 $Rp_1 - Cp < 0$，$\beta(F + I) - (Ce_1 - Ce_2) > 0$，$Cg_1 - Cg_2 > 0$ 时，三方博弈主体经演化后，特征值 $\lambda_1 < 0$，$\lambda_2 < 0$，$\lambda_3 < 0$，信息处理者获得正的净收益，而信息主体和政府的净收益为负值，博弈稳定点为 $E_3(0,1,0)$。

参与三方决策过程为：信息处理者方面，当积极保护的期望效用高于消极保护的期望效用时，积极保护获利较大，无论信息主体是否参与，基于利益最大化的信息处理者都会选择积极保护个人信息。此时，信息主体参与保护的成本大于收益，其参与保护的积极性降低，激励信息主体选择不参与策略。当信息主体选择不参与保护策略时，政府选择协同管理会造成较高的管理成本，博弈三方最终演化为（不参与，积极保护，传统管理）策略。尽管 $E_3(0,1,0)$ 中信息处理者已经选择积极保护策略，但是这种均衡仍然面临信息主体不参与、政府传统管理而导致的机会主义冲击，信息处理者在收益变动中会滑动到消极保护。

情形3：当 $Cp - Rp_1 < 0$，$Re_2 + Le + \beta(F + I) - (Ce_1 - Ce_2) > 0$，$Rg_2 - (Cg_1 - Cg_2) < 0$ 时，三方博弈主体经演化后，特征值 $\lambda_1 < 0$，$\lambda_2 < 0$，$\lambda_3 < 0$，信息主体和信息处理者获得正的净收益，而政府的净收益为负值，博弈稳定点为 $E_5(1,1,0)$。

参与三方决策过程为：信息主体参与保护所获得的收益大于成本，激励其提高参与保护的积极性，最终选择参与保护策略；信息处理者方面，信息处理者消极保护获得收益低于传统管理处罚与信誉损失之和，消极保护造成损失较大，此时积极保护的期望效用高于消极保护的期望效用，无论政府选择何种策略，信息处理者都会选择积极保护个人信息；对政府而言，$Rg_2 < Cg_1 - Cg_2$ 显示政府收益小于协同管理成本，政府趋向于选择传统管理策略。这种稳定性表明，信息处理者消极保护损失大时，其不愿冒险进行消极投入，而此时个人信息不合理处理行为较好控制，政府采用任意管理方式都不会影响信息处理者积极保护个人信息策略，信息主体参与保护的激励来自其参与过程所获得的收益。尽管 $E_5(1,1,0)$ 已经形成信息主体和信息处理者双方制衡的均衡保护态势，但是由于信息处理者仍然存在消极保护的动机基础，政府管理也存在缺憾、没有关注协同，因此有必要降低政府协同管理的成本，改进管理机制，建立三方相互激励、相互约束的协同保护机制。

情形 4：当 $Cp - (\alpha - \beta)I < 0$，$Re_2 + Le + \alpha(F + I) - (Ce_1 - Ce_2) < 0$，$(\alpha - \beta)(Rg_1 + F) + Rg_2 - (Cg_1 - Cg_2) > 0$ 时，三方博弈主体经演化后，特征值 $\lambda_1 < 0$，$\lambda_2 < 0$，$\lambda_3 < 0$，信息主体和政府获得正的净收益，而信息处理者的净收益为负值，博弈稳定点为 $E_6(1,0,1)$。

参与三方决策过程为：信息主体方面，信息主体积极参与个人信息保护所得到的赔偿大于由此付出的保护成本，信息主体趋向于参与保护；对政府而言，政府采用协同管理策略产生的收益大于采用传统手段产生的收益，因此也趋向于选协同管理策略。与此同时，信息处理者消极保护的净收益大于政府协同管理处罚和声誉损失，信息处理者趋向于选择消极保护策略，博弈三方最终稳定于（参与，消极保护，协同管理）。信息主体参与保护和政府协同管理的均衡，而改变信息处理者消极保护的路径是进一步提高处罚水平和建立声誉约束机制，并增加声誉价值实现路径。

情形 5：当 $Cp - Rp_1 < 0$，$Re_2 + Le + \alpha(F + I) - (Ce_1 - Ce_2) > 0$，$Rg_2 - (Cg_1 - Cg_2) > 0$ 时，三方博弈主体经演化后，特征值 $\lambda_1 < 0$，$\lambda_2 < 0$，$\lambda_3 < 0$，信息主体、信息处理者和政府均获得正的净收

益，博弈稳定点为协同合作的理想均衡 $E_8(1,1,1)$。

参与三方决策过程为：信息主体方面，信息主体参与保护所获得的收益大于成本，激励其提高参与保护的积极性，最终选择参与保护策略；对政府而言，$Rg_2 > Cg_1 - Cg_2$，协同收益大于成本，政府趋向于选择协同管理策略；信息处理者方面，消极保护获得收益低于协同管理处罚与信誉损失之和，消极保护造成损失较大，此时积极保护的期望效用高于消极保护的期望效用，信息处理者都会选择积极保护个人信息。这表明三方参与主体的选择策略为"参与、积极保护、协同管理"，在这稳定点上，各方利益达到最大化，博弈系统演化为帕累托均衡状态，这是本书理想的均衡点。

以上各种均衡存在条件和情形的三方决策过程分析表明：（1）若信息处理者积极保护成本大于传统监管带来的处罚，则积极保护净收益较小，信息处理者采取积极保护策略具有极大成本，并稳定于消极保护个人信息；（2）若信息处理者消极保护获利小于传统监管带来的处罚，则消极保护净收益较小，无论信息主体与政府部门采取何种策略，信息处理者采取消极保护策略具有极大风险，并稳定于积极保护个人信息；（3）若信息主体积极参与，信息处理者消极保护获利小于传统管理下处罚加声誉损失，其不愿冒险进行消极投入，个人信息不合理处理行为较好控制，政府采用任意管理方式都不会影响信息处理者积极保护个人信息策略；（4）若信息主体策略稳定于参与保护，政府策略稳定于协同管理，信息处理者消极保护获利高于政府协同管理处罚和声誉之和时，信息处理者的策略稳定于消极保护；（5）若信息处理者消极保护获利低于政府协同管理下的信誉损失、赔偿与罚金之和，在满足信息主体参与保护成本低，且政府协同管理成本低时，信息主体选择参与保护策略，且政府选择协同管理时，信息主体选择积极保护个人信息策略这是本书理想的均衡点，也是个人信息保护的帕累托最优。

第四节 主体行为的演化路径仿真

主体行为的演化模拟仿真重点研究初始情景的演化均衡，考察核心参数对演化走向的作用，以及如何向协同合作的理想均衡演化。在本节主体行为演化分析中，协同均衡是信息主体参与、信息处理者积极保护且政府协同管理，即 $E_8(1,1,1)$。本节运用 MAT-LAB 数值模拟仿真工具，模拟初始情景下的演化均衡、主要参数对演化稳定的作用，以寻求信息主体、信息处理者和政府三方博弈系统演化为最优均衡的路径。

一 基准演化的路径仿真

（一）基准参数赋值依据

主体行为演化博弈模型的基准参数值设定，必须根据扎根于个人信息保护的客观现状，且满足西方经济学的基本假设以及已有的研究经验。初始情景下设信息主体参与保护的收益 $Rp_1 = 4$，信息主体因信息处理者不合理的处理行为所获得赔偿 $I = 10$，并为此付出成本 $Cp = 5$；信息处理者采取不同投入策略产生不同的成本收益，因积极投入所获得的声誉、品牌收益 $Re_2 = 20$，且付出成本 $Ce_2 = 14$，若其采用消极投入策略将导致声誉、品牌损失 $Le = 10$，且付出成本 $Ce_1 = 10$；政府协同管理时管理效率 $\alpha = 0.6$，传统管理时的监管效率 $\beta = 0.2$，政府监管所获得的收益 Rg_1 和 Rg_2 分别为 10 和 4，因监管手段不同，协同管理和传统管理的管理成本分别为 8 和 3，F 是信息处理者消极投入被政府监管发现后应遭受的行政处罚，令 $F = 0$，即初始情景下信息处理者为"首犯"，仅给予行政警告，暂不施以经济处罚。具体如表 5-7 所示。

表5-7　　　　　　　三方演化博弈的影响因素基准值设置表

因素	Rp_1	I	Cp	Re_2	Le	F	Ce_1	Ce_2	α	β	Rg_1	Rg_2	Cg_1	Cg_2
取值	4	10	5	20	10	0	10	4	0.6	0.2	10	4	8	3

（二）基准演化的稳定性

设置信息主体、信息处理者和政府三方演化博弈的初始概率，分别为 [0.4, 0.6, 0.5]，横轴是时间段（t），纵轴分别是信息主体（x）、信息处理者（y）和政府（z）的初始概率。根据李亚普洛夫稳定性判别法，信息主体、信息处理者和政府三方博弈系统的稳定性如表5-8所示。

表5-8　　　　　　　　三方演化博弈的演化稳定性

均衡点	特征值 λ_1	特征值 λ_2	特征值 λ_3	渐进稳定性	均衡点	特征值 λ_1	特征值 λ_2	特征值 λ_3	渐进稳定性
$E_1(0,0,0)$	−	−	−	稳定（汇点）	$E_5(1,1,0)$	+	+	−	不稳（鞍点）
$E_2(0,0,1)$	−	−	+	不稳（鞍点）	$E_6(1,0,1)$	+	+	−	不稳（鞍点）
$E_3(0,1,0)$	−	+	−	不稳（鞍点）	$E_7(0,1,1)$	−	+	+	不稳（鞍点）
$E_4(1,0,0)$	+	+	+	不稳（源点）	$E_8(1,1,1)$	+	−	+	不稳（鞍点）

从表5-8可知，8个均衡点中，E_4为源点，E_2、E_3、E_{5-8}为鞍点，E_{2-8}均为不稳定点，经不断演化后汇集到汇点E_1，故信息主体、信息处理者和政府三方博弈系统稳定于$E_1(0,0,0)$，三方演化博弈的稳定策略为"不参与，消极保护，传统管理"，模拟仿真也证实这一点，平衡点$E_1(0,0,0)$是演化稳定点。图5-4相位图和图5-5基准模拟的演化均衡点表明，通常信息主体参与意愿不强、动力不足，有一定比例的信息处理者采取积极保护策略，但因净收益低而不愿意继续在个人信息保护问题上进行合理投入，采用消极保护的处理策略，政府的管理策略也因而是传统管理。

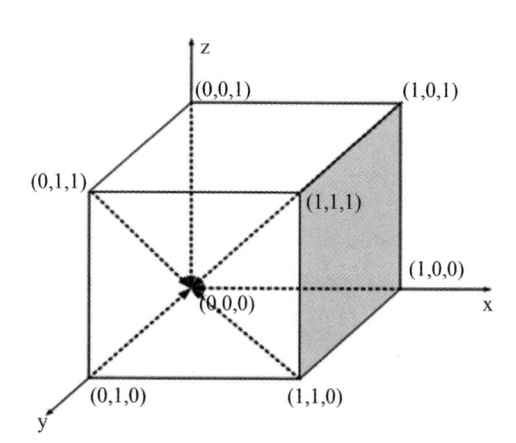

图 5-4　情形 1 的基准相位

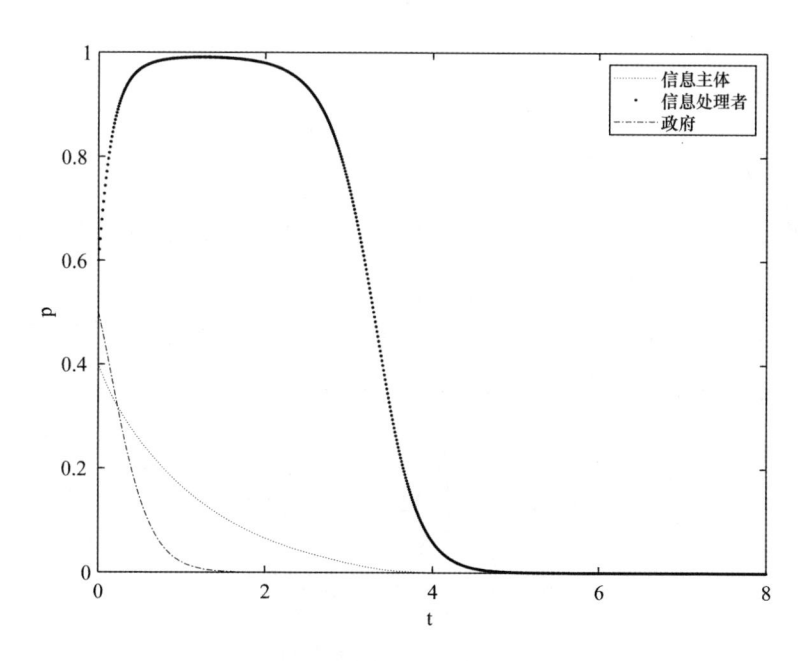

图 5-5　情形 1 的基准博弈演化模拟

二　关键因素的演化模拟

基准情景模拟演化均衡点 $E_1(0,0,0)$ 中，信息主体参与、信息处理者积极保护、政府协同管理很难实现。因此，有必要根据表

5-4归纳的其他四种类型和存在情景,考察关键因素的基准参数变化对博弈演化的影响机理,以考察理想均衡 $E_8(1,1,1)$ 的实现路径,其中通过情形2、情形3和情形5的比较,考察信息主体和信息处理者的行为策略问题,通过情形5引入政府管制,重点考察政府协同监管行为。

情形2: $Rp_1 - Cp < 0, \beta(F+I) - (Ce_1 - Ce_2) > 0$

在初始情形中,当信息处理者采用消极保护策略对信息主体造成损害时,假设政府仅对其进行行政警告,不涉及经济处罚,$F=0$。为满足以上条件,此时设 $F=20, I=20$,其他参数值不变,系统演化稳定点 ESS 位于 $E_3(0,1,0)$,如表5-9、图5-6和图5-7所示。

表5-9　　　　　　　　情形2影响因素参数取值

因素	Rp_1	I	Cp	Re_2	Le	F	Ce_1	Ce_2	α	β	Rg_1	Rg_2	Cg_1	Cg_2
取值	4	20	5	20	10	20	10	4	0.6	0.2	10	4	8	3

比较情形2和基准演化发现,信息处理者趋向积极保护演化的关键在约束,即赔偿金 I 和罚款 F 的大小。

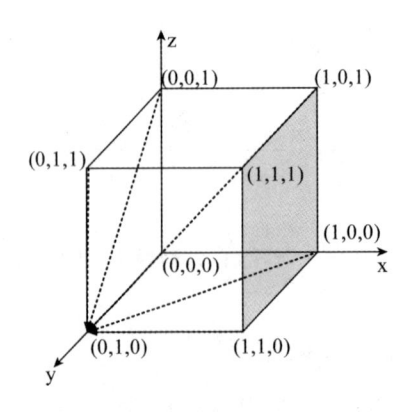

图5-6　情形2相位

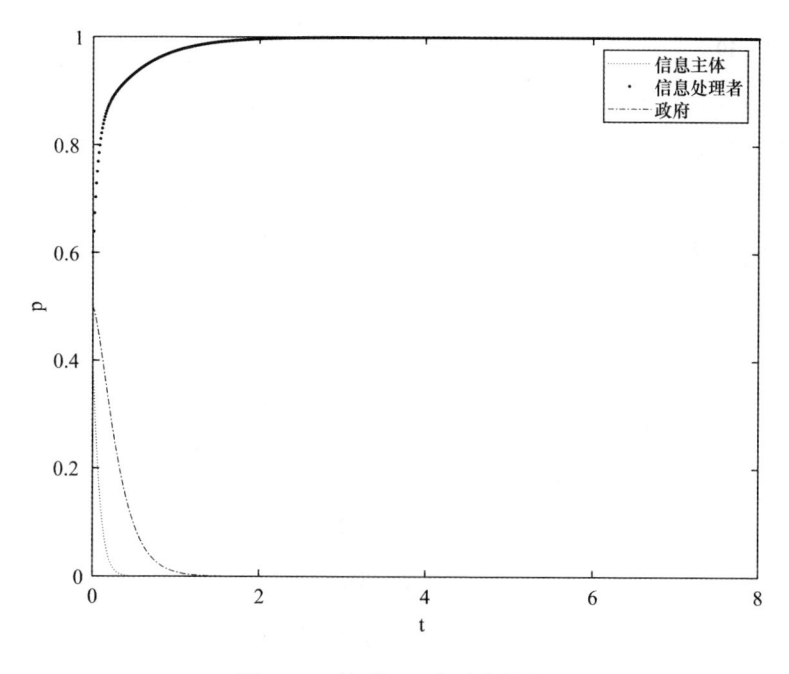

图 5-7 情形 2 三方动态演化

图 5-6 和图 5-7 显示，信息主体、信息处理者和政府的系统稳定点为 $E_3(0,1,0)$。从初始点起，x、z 值呈迅速下降趋势且 x 下降速度快于 z，相反 y 值迅速上升，进而共同收敛于系统稳定均衡点 $E_3(0,1,0)$。图 5-7 表明，在博弈演化过程中，由于信息主体因参与保护带来的收益低于由此产生的成本如诉讼成本，理性的个体会选择不参与保护个人信息，减少成本支出，政府也因协同管理成本过高而选择传统管理。在此前提下，信息处理者消极保护时，在政府传统管理下的罚款和赔偿大于积极保护收益，积极保护是其最佳选择。

情形 3：$Cp - Rp_1 < 0, Re_2 + Le + \beta(F+I) - (Ce_1 - Ce_2) > 0$，$Rg_2 - (Cg_1 - Cg_2) < 0$

为满足以上条件，此时设 $Rp_1 = 5$，$Cp = 4$，其他参数值不变，系统演化稳定点 ESS 位于 $E_5(1,1,0)$，如表 5-10、图 5-8 和图 5-9 所示。

表 5-10　　　　　　　　　情形 3 影响因素参数取值

因素	Rp_1	I	Cp	$Re2$	Le	F	Ce_1	Ce_2	α	β	Rg_1	Rg_2	Cg_1	Cg_2
取值	5	10	4	20	10	0	10	4	0.6	0.2	10	4	8	3

比较情形 2 和情形 3 的参数发现，推动信息主体和信息处理者互动的关键在于信息主体参与保护的净收益，即收益 Rp_1 减去成本 Cp。

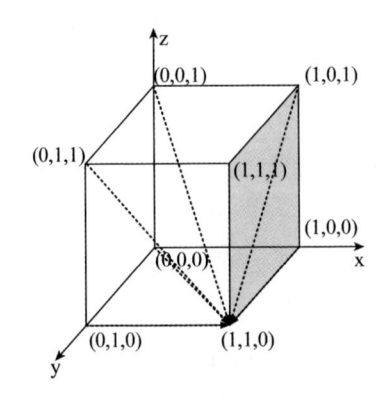

图 5-8　情形 3 相位

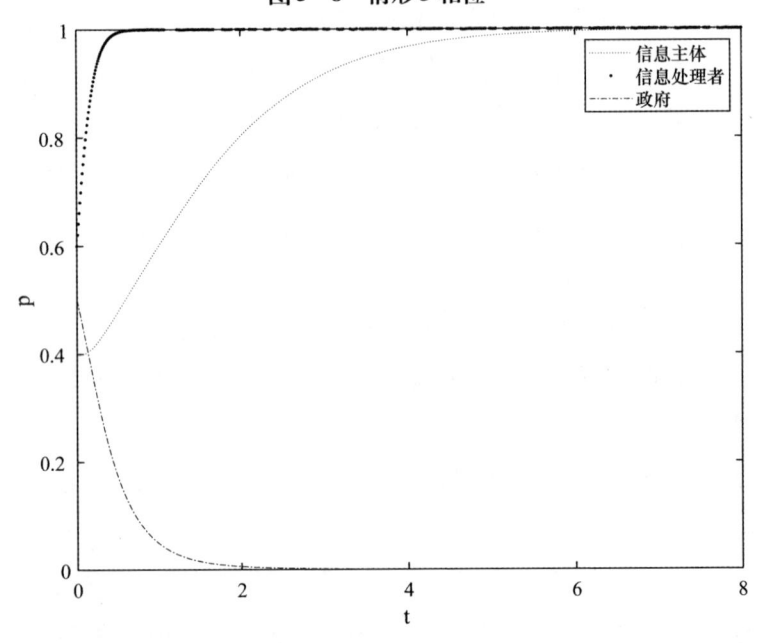

图 5-9　情形 3 三方动态演化

图 5-8 和图 5-9 显示，信息主体、信息处理者和政府的博弈均衡点为 $E_5(1,1,0)$。从初始点起，x、y 值整体上升，但 x 值上升速度明显慢于 y 值速度，z 值呈下降趋势共同收敛于博弈稳定点 $E_5(1,1,0)$。图 5-9 表明，只要信息主体参与保护所获得的收益大于成本，就能提高参与积极性；只要信息处理者消极保护获得收益低于政府处罚和声誉损失，积极保护就是信息处理者的最优选择，此时政府选择任何一种管理策略都能对个人信息不合理处理行为有效控制。

情形 4：$Cp - (\alpha - \beta)I < 0$，$Re_2 + Le + \alpha(F+I) - (Ce_1 - Ce_2) < 0$，$(\alpha - \beta)(Rg_1 + F) + Rg_2 - (Cg_1 - Cg_2) > 0$

为满足以上条件，此时设 $Cp = 1$，$Re_2 = 2$，$Le = 2$，$Ce_1 = 15$，其他参数值不变，系统演化稳定点 ESS 位于 $E_6(1,0,1)$，如表 5-11、图 5-10 和图 5-11 所示。

表 5-11　　　　　　　　情形 4 影响因素参数取值

因素	Rp_1	I	Cp	Re_2	Le	F	Ce_1	Ce_2	α	β	Rg_1	Rg_2	Cg_1	Cg_2
取值	4	10	1	2	2	0	15	4	0.6	0.2	10	4	8	3

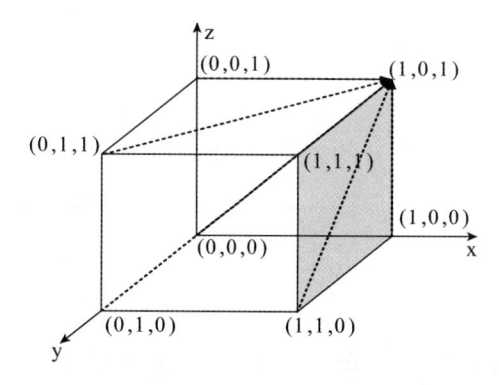

图 5-10　情形 4 相位

比较情形 3 和情形 4 的参数发现，推动信息主体和信息处理者互动的关键在于信息主体参与保护的净收益,即收益 Rp_1 减去成本 Cp。

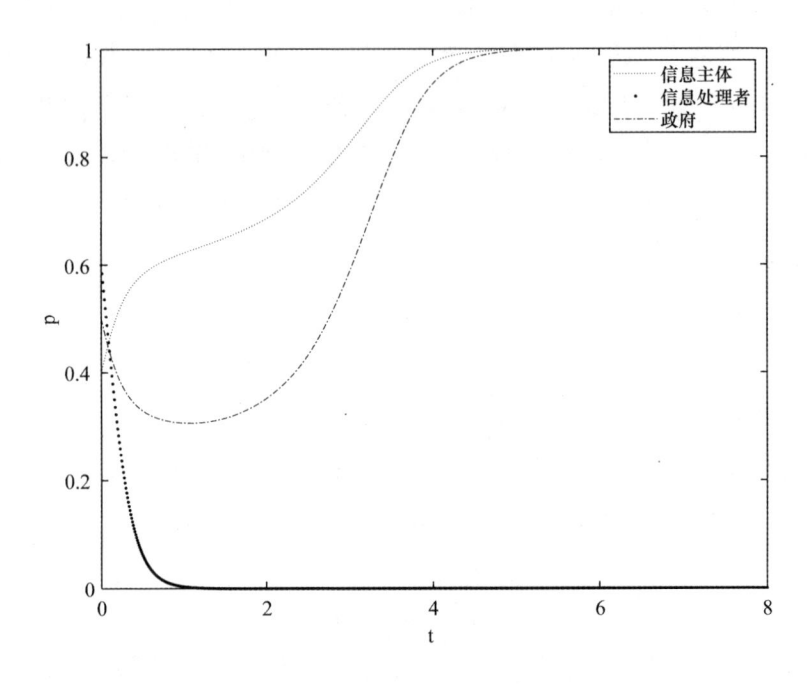

图 5-11　情形 4 三方动态演化

图 5-10 和图 5-11 显示,信息主体、信息处理者和政府的博弈稳定点为 $E_6(1,0,1)$。从初始点起,x 值先以递增的速度上升后以递减的速度上升,最后稳定于 1,y 值呈迅速下降趋势并快速趋近于 0,z 值呈先下降后上升的趋势并最终稳定于 1,三方共同收敛于博弈稳定点 $E_6(1,0,1)$。图 5-11 表明,信息主体积极参与个人信息保护所得到的赔偿大于由此付出的保护成本,信息主体趋向于参与保护;在博弈演化初期,有一定的比例的信息处理者选择积极保护策略,但由于成本高而放弃此种选择,最终演化走向 0;政府初始时趋向于选择传统管理手段,但由于信息主体选择参与保护,政府选择协同管理能够增强效率提高收益,在一定时点后政府改变管理方式,转而选择协同管理的信息治理。

情形 5：$Cp - Rp_1 < 0, Rg_2 - (Cg_1 - Cg_2) > 0, Re_2 + Le + \alpha(F + I) - (Ce_1 - Ce_2) > 0$。

为满足以上条件，此时设 $Rp_1 = 5$，$Cp = 4$，$Rg_2 = 8$，$Cg_1 = 4$，其他参数值不变，系统演化稳定点 ESS 位于 $E_8(1,1,1)$。如表 5-12、图 5-12 和图 5-13 所示。

表 5-12　　　　　情形 5 影响因素参数取值

因素	Rp_1	I	Cp	Re_2	Le	F	Ce_1	Ce_2	α	β	Rg_1	Rg_2	Cg_1	Cg_2
取值	5	10	4	20	10	0	10	4	0.6	0.2	10	8	4	3

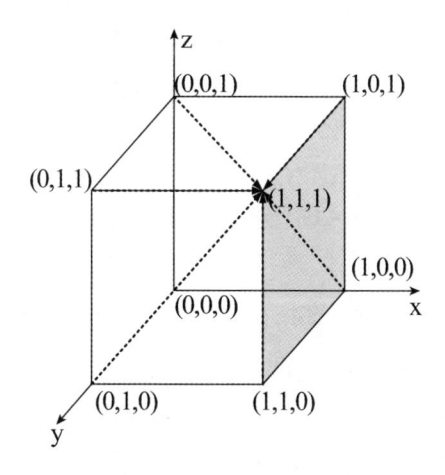

图 5-12　情形 5 相位

比较情形 4 和情形 5 的参数发现，推动三方协同保护的关键在控制信息主体的净收益（收益 Rp_1 减去成本 Cp）和政府协同监管的净收益（收益 Rg_1 减去成本 Cg_1）。

图 5-12 和图 5-13 显示，信息主体、信息处理者和政府三方博弈稳定点为 $E_8(1,1,1)$。从初始点起，x、y、z 值整体上迅速上升，且信息处理者的上升速度快于信息主体和政府速度，最终三者演化走向稳定点 $E_8(1,1,1)$。图 5-13 说明了当参与保护策略所产

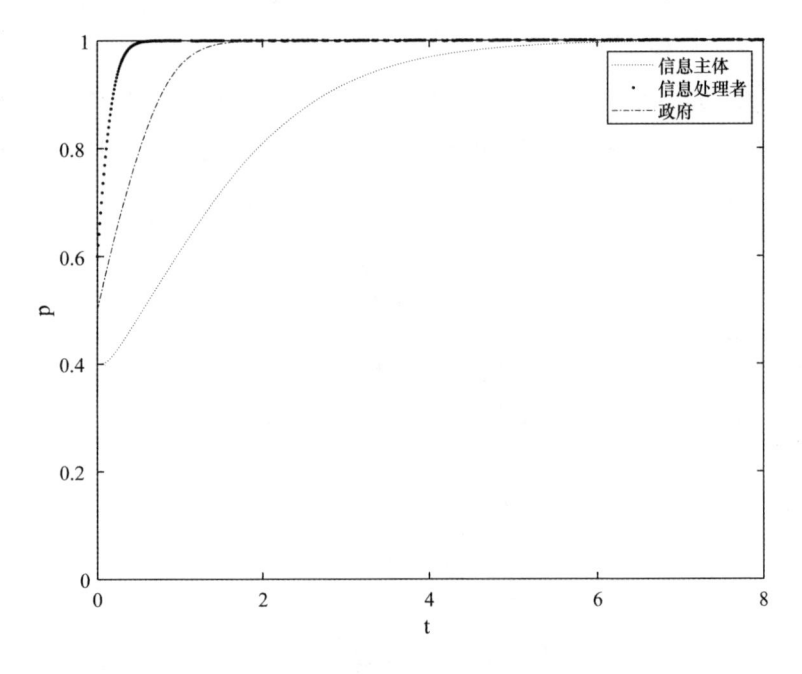

图 5-13　情形 5 三方动态演化

生的收益大于不参与保护的收益时，信息主体会积极参与保护其个人信息。此时，政府选择协同管理创造的收益大于由此付出的成本，政府此时选择协同管理。同样，利润最大化的信息处理者对信息主体和政府的策略选择迅速进行反应，并做出积极保护个人信息的策略选择。

第五节　主体演化行为的协同

激励、成本和收益是个人信息保护行为趋向合作演化的关键要素，实现信息主体、信息处理者和政府三方的行为协同，需要根据日常管理理论从动机、机会和控制方法三要素加以激励、预防、调节和平衡。

一 基于动机的行为协同

从动机角度看,信息处理者以利益最大化为保护动机,若信息处理者积极保护的成本大于传统监管对消极保护的处罚,则积极保护的成本更高、净收益更小,而消极保护的成本更小、净收益更大,消极保护的动机更充足,信息处理者策略稳定于对个人信息的消极保护;若信息处理者消极保护获利小于传统监管带来的处罚,则消极保护的净收益较小,消极保护的动机较小,信息处理者采取消极保护策略具有较大的处罚风险,此时策略稳定于对个人信息的积极保护;而信息处理者消极保护的获利小于传统管理下处罚与声誉损失之和,且信息主体选择积极参与的情况下,信息处理者进行消极投入就风险极大,策略选择稳定于对个人信息的积极保护;若消极保护的获利多于政府协同管理处罚和声誉之和时,信息处理者的策略稳定于消极保护;若消极保护的获利少于政府协同管理下的信誉损失、赔偿与罚金之和,信息处理者趋于积极保护个人信息。控制信息处理者的保护动机,主要在于制定合理的激励约束机制,包括行政处罚和对信息主体的损害赔偿,比如借鉴欧美的高额处罚和惩罚性损害赔偿的相关制度规定,保证信息主体有足够的动机投入最优注意,积极保护个人信息。

二 基于机会的行为协同

从机会角度分析,信息主体对个人信息处理活动中协同保护的参与程度,在一定程度上减少信息不对称现象,实现协同保护中个人和政府的信息共享、私力和公力协同、私权和公权相结合的个人信息协同保护。合作演化博弈表明,净收益是信息主体参与的关键激励。声誉对信息处理者的保护行为激励会反馈到信息主体的参与策略,如声誉激励大于参与成本,信息主体策略稳定参与保护,给信息处理者的积极保护予以正面回馈、正向激励、负面约束和常态化威慑。但是如消极保护的净收益不断提高，部分信息主体参与保护而部分不参与，政府管理方式选择也因此变得不稳定，难以有效推进协同保护。当消极保护净收益进一步提高，信息主体参与保护的激励来自于对其维权的补偿。

三 基于控制方法的行为协同

从控制方法的角度分析，当信息处理者消极保护的净收益比较少时，信息主体因激励而参与协同保护，信息处理者也因受到监管和声誉的共同约束，其策略也会稳定于积极保护。此种情形下，政府可选择管理成本相对较低的传统管理方式，无须担心信息处理者在个人信息处理活动中的合规经营。随着消极保护所获得的净收益提高，无论政府采取何种管理手段都不能治理这种失序的状态。这就需要控制信息主体参与协同保护，提高其参与力度，政府由此改变传统管理的方式，进而采取协同管理策略。

第六节 本章小结

个人信息保护牵涉个人、数据公司和政府机构三方利益和行为，三者的行为相互约束、相互激励。演化博弈发现，信息主体和信息处理者若短期对抗博弈，则会陷入权利主张乏力和保护缺陷的囚徒困境，只有引入政府协同规制，方能促进信息主体权利行使的主动性和推动信息处理者的合规保护。三方合作博弈发现，信息主体积极参与的协同收益和成本，信息处理者的协同收益、成本和损害赔偿金，政府的识别效率、罚款和监管成本分别是他们合作行为的关键激励，因此应以机会、动机和控制方法三者来推动合作行为的关键因素变化，从而激励三者行为趋向协同保护、向合作博弈演进。

第 六 章

个人信息协同保护的案例鉴析

数字经济时代，尤其是新冠疫情暴发以来，大数据的联防联控，个人信息的利用已渗入生活的方方面面，个人信息保护成为社会大众十分关心的问题。理论界和实务界关于个人信息保护的讨论方兴未艾。受传统法治思想的影响，个人信息保护主要建立在规范之治的基础上，通过在法律文本中对既有规则的理解和适用，使确定性和可预测性贯穿其始终。然而，由于原则、规则的模糊性和非标准化，主体的行为边界和保护措施须结合个案具体场景及语境。如果脱离具体个案的场景、语境讨论个人信息的保护问题，缺乏压力测试的有效样本，相关权利安排、规则适用和行为激励就可能丧失正当性基础，进而蜕变为形式主义，容易走向理论和制度的空洞化。本章以权利、规则和行为的协同保护理论为指引，采用案例分析的思维和方法，聚焦腾讯与抖音关于用户头像、昵称的个人信息处理纠纷[①]，从本源性冲突明晰"三重授权原则"和保护路径的优化方向，思考、检验和求证协同保护理论的现实应用前景。

[①] 参见天津市滨海新区人民法院（2019）津 0116 民初 2091 号民事裁定书。

第一节 "头腾大战"：腾讯抖音头像昵称之争

一 案涉当事人的经营与合作

腾讯经营的微信/QQ是主要用于个人通信的网络工具，这种工具可以在多个平台交叉使用，即可点对点、点对多的交流，主要包含即时短信、语音视频、图片共享等通讯服务。腾讯业绩报告披露，从2018年第三季度的月活跃账户来看，QQ活跃8.03亿个账号，智能终端6.98亿，微信10.83亿。抖音是一个短视频分享的平台，主要用于用户自我表达、自我记录生活。截至2018年10月，抖音国内日活跃账户超过2亿，月活跃账户超过4.5亿。多闪是一款好友小视频社交App，其提供的服务包括通过个人账户发送音视频、图片、文字等的即时通讯服务，图文视频等内容的拍摄及分享服务，与其他软件或硬件信息互通服务，以及关系链拓展等相关服务。

根据腾讯开放平台的《开发者协议》，腾讯、抖音先后于2016年9月9日、2016年12月11日通过QQ开放平台、微信开放平台OpenAPI进行合作。目前有2.8亿微信用户和5250万QQ用户通过其微信或者QQ的账号实现对抖音的访问，现抖音仍可以通过微信/QQ开放平台的OpenAPI对前述用户进行授权登录。2019年1月22日，腾讯宣布停止为未使用过微信/QQ登录方式登录过抖音的新增用户提供登录授权，但已经使用过微信/QQ授权登录功能的用户可以继续使用此种登录服务，不受限制。

二 用户的登录和使用

微信/QQ产品的注册方式为，用户使用手机号码注册，手机号需要验证，微信/QQ为每个成功注册的用户建立微信/QQ账号，以确定其在微信/QQ平台内的身份；其中头像、昵称、地区和性别等个人信息可以自己进行设置和修改。从2010年起，根据《开发者协议》和其他相关协议，腾讯通过开放应用程序接口（Application Programming Interface，API），陆续向第三方应用平台提供开放平台的访问、开发服务，第三方应用通过在腾讯开放平台上注册、申请，就能直接与腾讯的网络应用进行连接，使用户更方便地享受到该服务。

用户可以通过手机号注册、登录和使用抖音产品及相关服务，也可以基于开放平台服务的合作关系，使用其他平台的账号注册、登录抖音。抖音作为第三方平台，先后两次接入QQ、微信的开放平台，通过微信、QQ的授权抖音直接实现账户登录。微信和QQ开放平台为抖音提供了登录授权的服务，抖音借用开放平台调用OpenAPI接口，实现对用户身份的识别和鉴权，以及利用登录用户在QQ/微信的头像和昵称。

目前，多闪产品仅提供通过抖音账号进行登录的方式。如用户没有安装抖音软件，登录多闪时则会直接提示用户通过手机号注册抖音账号，必须在有登录抖音账号的基础上用户才能注册、登录多闪。授权登录时，用户会收到提示登录后应用将获得以下权限"头像和昵称等公开信息的获取""好友关系的访问""历史会话和消息的同步"。多闪在《隐私政策》中明确告知用户："需要你使用抖音登录多闪"；"当你注册、登录多闪时，你需要使用抖音等第三方账号进行登录"；"多闪互通抖音是其功能的基础，其主要互动内容涉及聊天、信息发布、点评等各种社交功能的互动互通。其中两者的互通具体操作是通过抖音实现多闪的登录，并需要抖音的头像、昵称和账号的授权"，"当你注册、登录多闪时，为保障多闪与抖音联系人进行互动、通讯等基本功能，从第三方登录例如抖音等的账号，需要第三方授权账号、历史信息、通讯录、头像和账号等各种基础的信息"；"通过第三方软件的个人信息，基于第三方的授权,多闪还可以推荐好友"等内容。

三 个人信息处理的合约

(一) 腾讯、抖音分别就个人信息保护的规定

腾讯平台通过《微信软件许可服务协议》《QQ 软件许可及服务协议》《微信隐私保护指引》《QQ 隐私政策》等一系列文件,对个人信息处理进行约定。《腾讯微信软件许可服务协议》规定,除非有法律法规特别规定,否则非经个人授权同意,不得将个人信息转移第三方。第三方与腾讯的协议、规范和产品设计,都需要严格遵守相关的法律法规,获得个人的明确授权同意为服务前提,并且信息保护的措施到位有效,相关数据必须用于合理使用;与此同时,个人还拥有数据删除权,能够及时删除客户自身的数据;个人使用和接受第三方的服务产品之前应当及时掌握和知晓第三方的政策和条款;第三方的服务如果存在违法违规等情形,腾讯有权核实并处置。《微信隐私保护指引》规定,微信会提前告知或者明示其获取个人信息的范围、内容和形式,如果超出用户的原来授权,则需要进一步明确获得用户的同意和许可,如果按照授权范围向第三方提供个人信息,则也会严格要求第三方应用平台保障个人信息处理合法。同样,QQ 产品也通过《QQ 软件许可及服务协议》,明确除非法律法规的特别规定,QQ 软件禁止转移个人信息。据此可以看出,对于腾讯不论是收集和处理个人信息,抑或是向第三方应用提供个人信息使用,必须征得信息主体同意,同时负有保障个人信息安全义务。

抖音平台亦通过《用户协议》《隐私政策》等一系列文件,对个人信息的收集、处理等进行了明确约定。在《用户协议》中,抖音明确了使用抖音的服务和产品有两个渠道:一是按照规定注册抖音账号进行登录;二是通过第三方平台和软件的合法实名的账号授权登录。用户还可以使用抖音账号登录使用公司及其关联公司或其

他合作方提供的其他软件、服务。抖音承诺，未经用户同意，不会向任何公司、组织和个人披露个人信息。另外，抖音《隐私政策》也规定了非经用户同意，其不会向第三方共享、转让用户信息等内容。

（二）腾讯、抖音开放共享个人信息的约定

针对抖音对个人信息的使用问题，《开发者协议》专门就腾讯抖音直接使用微信/QQ账号密码等个人信息做出约定。《微信开放平台开发者服务协议》《QQ互联开放平台开发者协议》关于个人信息使用，主要包含以下内容：（1）第三方平台对于申请接口接入服务应用为自主研发、创新或者获得合法授权并独立运营的应用，不得为其他第三方代为申请、使用；（2）非经用户授权同意，不得向其他第三方开放、共享，也不得为其使用提供便利；（3）应用程序或者服务过程中收集、处理、使用和存储的用户信息，应充分告知用途、范围，并获得用户授权；（4）未经腾讯平台允许，禁止第三方依托腾讯的开放平台使用微信、QQ互联。

四 双方争议的焦点

腾讯和抖音合作一段时间后发现，抖音依托腾讯的开放平台自建用户关系链并没有获得腾讯的许可，也未获得用户明确的同意授权，而且，抖音给多闪借用腾讯的授权登录的开放服务，甚至将从腾讯平台获得的用户信息开放给多闪，用以推荐和开发客户，采取直接和间接方式诱导腾讯用户注册抖音和多闪，存在明显的腾讯用户群迁移行为。

对于头像昵称及用户关系链之争，原被告双方各执一词。腾讯认为，腾讯是微信/QQ产品实际经营和管理者，其持有的微信/QQ头像、昵称等个人信息，是其从事生产经营且具有较强市场竞争力的数据资源。在未经用户明确授权、超出用户授权范围的情况下，抖音将自己的关系链扩展到其他第三方平台，并将关系链数据擅自提供给其他第三方平台多闪使用，不仅违反了国家对个人信息保护的相关规定，也违反了腾讯与抖音在开发协议中对其核心资源和竞争优势的约定和限制。但抖音和多闪认为，原被告间不存在竞争关系，使用其微信/QQ 头像、昵称，抖音、多闪是基于用户意愿并取得用户授权。

基于前述情况，2019 年 2 月 18 日，腾讯以不正当竞争为由向天津市滨海新区人民法院提交诉状，同时对抖音、多闪的行为提出保全申请。腾讯提出的诉讼请求包括以下几方面：一是抖音终止利用腾讯数据向用户推荐好友的行为；二是抖音中止将腾讯的开放平台授权登录服务出借多闪的行为；三是多闪和抖音禁止和中止从腾讯平台获取用户信息的行为，并立即删除储存在多闪服务器的腾讯用户个人信息；四是抖音立即删除其设置邀请好友以及一键邀请群好友的功能按钮，停止消除利用平台迁移好友关系和注册抖音的诱导行为，并不得以类似方式实施前述行为。

天津市滨海新区人民法院基于原被告之间是否存在竞争关系、原告的请求是否有事实基础和法律依据、被告行为是否具有不当性因素考量，认为：（1）腾讯、抖音和多闪之间是否存在竞争关系，要立足于其具体经营行为进行判断，特别是互联网环境下的竞争关系，更应从宽泛的角度进行理解。微信/QQ、抖音和多闪的核心功能包括个性化音视频推荐、发布信息、互动交流等，可以为用户提供互动功能或服务，用户可以与其他账号进行互动、评论或分享内容，其还可以提供开放平台、机构认证、企业认证等多种服务，两者经营的产品在功能内容、消费群体等方面存在交叉重合，产品运营都是以用户流量为基础，注重用户关系的培养、用户体验的优化及用户信息的使用等，故可以认定它们之间存在竞争关系。（2）微信/QQ 产品具有社交和开放的多功能属性，通过腾讯数十年的经营和开发，使得产品的各种服务和功能都得到社会的高度认可和使用。抖音通过腾讯的开放平台获取个人昵称和头像等信息，实现用户鉴权、身份识别，并向用户提供微信/QQ 账号登录接口，用户在无须另外注册抖音账号、无须绑定手机号、无须在抖音产品中提供其个人信息等情况下，即可通过其微信/QQ 账号登录抖音并使用相关服务。腾讯平台则通过开发者协议设定了抖音作为第三方应用开发者在使用该项服务过程中的权利和义务。因此，腾讯的请求具有事实基础和法律依据。(3) 用户信息已经成为互联网公司特别是社交平台的关键资源和竞争优势，如何获取和使用成为经营的主要内容。虽然腾讯用户依法享有其昵称和头像等个人信息权利，腾讯基于相关法律规定以及与用户之间达成的一系列协议，在征得用户同意且在保证用户个人信息权不被侵害的情况下，对在日常经营活动所收集、利用的个人数据信息享有合法权益，亦负有保护用户信息安全的责任，而抖音多闪的行为具有不当性。基于以上理由，法院于 2019 年 3 月 18 日做出裁定，支持了腾讯前三项诉讼请求。

五　本案涉及的主要法律问题

在人人互通、万物互联的数字经济中，以个人信息为基础的数据产品保护方兴未艾，大众点评诉爱帮网案[①]、大众点评诉百度案[②]、淘宝诉美景案[③]等数据信息纷争正是说明这一点。在本案中，基础维度涉及围绕个人信息的收集和处理而产生的企业之间的商业竞争和冲突。微信/QQ 用户头像、昵称及社会关系链信息是衡量腾讯商业价值和市场竞争力的关键，它的链接、紧密和私密程度决定了用户偏好、信息处理者收益和社会福利。通过威科先行文书系统进行检索，本书发现，大量类似以个人信息为载体的数据产品纠纷具有以下共性特征：一是这类争议不仅涉及争议双方企业，也涉及

---

① 参见北京市海淀区人民法院 (2010) 海民初字第 24463 号民事判决书和北京市第一中级人民法院 (2011) 一中民终字第 7512 号民事判决书。
② 参见上海市知识产权法院 (2016) 沪 73 民终第 242 号民事判决书。
③ 参见浙江省杭州市铁路运输法院 (2017) 浙 8601 民初第 4034 号民事判决书。

信息主体的知情权、选择权和携带权等个人信息权，故法院裁判中往往将这些利益都纳入考量。二是三重授权原则成为判断信息处理者获取个人信息的正当性、合理性标准。三重授权是由脉脉被新浪微博诉讼的案件中首次提出的原则。此后，三重授权原则给相关新生案件的裁判思路提供"判例法"作用，也为数据信息持有方反驳、对抗第三方获取个人信息的非正当性提供合理理由①。三是原告企业基本上以不正当竞争为案由，进而维护自身合法权益。由于信息处理者对个人信息享有权利尚未载入我国制定法中，信息处理者无法直接以其他为案由主张权利，导致法律规则适用的不同选择。

基于以上特征分析可以发现，个人信息涉及数字经济结构中的企业竞争和控制，企业保护个人信息作为排他性专有权益的重要依据。此类企业数据竞争的相关争议表明，不论是在个人利益和企业竞争维度，围绕个人信息保护的互联网企业竞争更趋复杂和激烈，如何保护个人信息仍是时代的主题。在本案中，多闪和抖音在没有获得用户和腾讯的授权，明显违反法律法规规定和违背开发者协议，这就使得案件的法律关系相对清晰，揭示了腾讯、用户和抖音/多闪之间涉及不同层次的法律问题，主要是个人信息权利、三重授权原则和法律裁判规则适用几者之间呈逻辑上的递进关系：一是基于微信/QQ头像、昵称及社会关系链数据的产生的动态性、利益生成的开放性，如何合理配置权利？信息主体的可携带权如何理解和运用？二是"三重授权"原则作为第三方平台处理个人信息的原则，是否为普适性原则？三是选择何种规则模式对以个人信息为基础形成数据产品加以保护，将其化繁为简，以促进个人信息保护和数据产业健康发展？以上几个问题应是司法实践认真思考的问题，也是本章节检视的重点。

---

① 新浪微博案被选为2016年北京市法院知识产权司法保护十大典型案例。

第二节　数据产品主体利益的冲突

一　数据产品的开放性

"权利束"学说基于一项财产的用途能够有效进行物理分割或法律分割，从而在该财产上实现"用途"与"条块"之间的有效对应。然而，微信/QQ头像、昵称和社会关系链信息的体量呈动态变化，使得束体体积确定比较困难，从而建立在这些数据之上的权利类型具有多元性、开放性。一方面，束体数量和体积呈动态变化。微信/QQ头像、昵称和社会关系链信息的数量随着时间推移、使用人群增加和使用方式多样，使得数据信息体量不断扩大，从而促进数据体积增大。微信/QQ头像、昵称和社会关系链信息是用户和腾讯平台在处理过程中，持续开发、合作和维系的结果，因此在整个收集和使用中数据信息的形态和数量呈动态调整和变化。譬如，用户通讯录人数不断增加使得束体体积不断增大。另一方面，权利条块的数量是随着技术进步而不断增加的。用户和平台基于微信/QQ头像、昵称及社会关系链信息的利益诉求，均取决于束体在特定技术条件下的数量和体积的变化。对于信息处理者的平台而言，腾讯通过大数据技术对微信/QQ头像、昵称及社会关系链信息不断加工，根据不同的商业应用场景开发出与之相关的产品或服务，从而产生多样的利益诉求。对于信息主体的用户而言，基于生活习惯、知识背景等差异，个体偏好均存在较大不同。微信/QQ头像、昵称及社会关系链信息，有的可能偏向于积极利用，有的则可能趋向于消极防御，保障其安全性和私密性，而腾讯和用户几乎不可能事先通过谈判对微信/QQ头像、昵称及社会关系链信息的主要用途加以确定。

总之，微信/QQ头像、昵称及社会关系链信息，都是随着时间推移和技术进步不断增加，由此产生的利益诉求也随之不断调整，这就需要用"权利束"理论理解个人信息的权属关系时,应充分考虑个人信息的束体和束点的变动性,也即个人信息随着社会交往的不断进行,个人信息及其承载的权利集合具有开放性和扩展性,采用开放、包容的"权利束"理论描述个人信息的权利样态。

二 主体利益的确认

随着个人信息价值不断凸显,关于个人信息处理的全生命周期中,参与主体的利益确认具有十分重要的价值。权利界定和配置不清,使得参与主体的利益处于模糊状态,这将导致合法利益无法得到有效保护,进而影响市场交易的顺利开展。作为资源配置的前提,对微信/QQ 头像、昵称和社会关系链信息,用户、腾讯、抖音是否享有权利?享有何种权利?以及两个权利之间的关系如何?是大数据背景下处理数据产品纷争首先应回答的问题。对于微信/QQ 头像、昵称和社会关系链信息权益,应注意两方面问题:一是在数字化时代的个人信息集合,有别于传统物权、知识产权客体等相对应的重要利益形式,因而需从发展、开放的角度去理解、认知和确认;二是信息主体授权同意规则实质上赋予了信息处理者对个人信息完全或不完全的财产权利,尽管信息处理者的处理行为受到授权同意规则的限制,但其已经实质肯定了信息处理者对个人信息享有财产权益,只不过因为微信/QQ 头像、昵称和社会关系链信息形成集合利益的复杂性妨碍了对权利内容的清晰界定。正如前文所述,类似纠纷在司法裁判中多以不正当竞争的方式解决,事实上是回避数据权利、权属问题导致法律规则的错误适用[①]。在该案中,尽管立法尚未规定信息处理者的权利,但法院认可关于收集个人信息并整合商业应用的腾讯平台合法权益,遗憾的是,法院未指明是何种权益。因此可以看到,法院对于微信/QQ 头像、昵称和社会关系链

[①] 在百度与大众点评案、大众点评与爱帮案中,法院都认定平台对用户评论、点评信息享有合法权益,但并未指明是何种权益,本案的保全裁定也如是。

信息上的权利有着明确的利益保护倾向，但碍于某些权利尚未法定化，只能牵强地运用反不正当竞争法予以保护。

三 可携带权的冲突

本案中，腾讯认为，抖音违反商业道德和诚信原则，在合作期内超出授权范围、在合作终止后非法使用微信/QQ 头像、昵称及其社会关系链等数据，同时未经腾讯平台的同意擅自将上述数据信息提供给其他第三方使用。抖音则以微信/QQ 头像、昵称及其社会关系链为用户个人信息，相关权益应属于用户所有进行抗辩。抖音认为，其使用微信/QQ 账号登录是基于用户授权而非腾讯授权。从某种程度上说，抖音在法庭上的主张有一定理据，微信/QQ 头像与昵称既不属于腾讯也不属于抖音，腾讯基于加工或添附享有他物权权益，用户对其微信/QQ 头像、昵称享有所有权，有权决定自己的个人信息从一个平台转移到另一个平台，这就是信息主体的信息可携带权的主张和行使。然而，如何理解与运用可携带权，将会对本案的司法裁判有着重要影响。

可携带权由欧盟《数据保护条例通则》第 20 条确立，和我国《民法典》规定的复制权有一点相似但又存在很大不同。设置可携带权初衷是从信息主体的角度出发，通过赋予信息主体权利进而强化对信息主体的控制。同时，可携带权可以促进个人信息在不同处理者之间转移，有利于防止数据垄断，促进数据自由流通，充分发挥数据的经济和社会价值。对用户提交的头像、昵称等个人信息，腾讯平台通过与用户之间达成一系列协议，取得用户授权和许可使用，但以上信息仍归属于用户所有，腾讯、抖音对个人信息的处理也应首先以保证个人信息权不被侵害为前提。基于相关法律对于个人信息保护的规定以及微信/QQ 平台与用户的约定，用户优先享有信息可携带权，平台对于用户微信/QQ 头像、昵称等数据享有用益物权，是建立在有效保护用户可携带权基础上的数据权益。

本案用户能否主张和行使可携带权，需要考虑三方面的问题。一是对其他用户会造成负外部性问题。当用户将自己的社会关系链数据从腾讯转移到抖音、多闪时，抖音、多闪就可能会利用其掌握的大数据技术进行建模、关联到其他腾讯用户，比如用户在腾讯平台上其他可能认识的人。在此种场景下，可能会导致对其他用户的利益遭受威胁和侵害。二是腾讯平台具有市场竞争力的商业资源如何保护。腾讯基于微信/QQ平台通过与用户之间的一系列协议，在用户同意的情况下，通过自身经营活动对微信/QQ头像、昵称及其社会关系链进行收集和使用，应享有相应的合法权益。无论是可携带权还是企业数据权，合法利益都需要得到法律的保护，给予双方利益最大限度的实现。腾讯经营的微信/QQ产品等由个人信息整合形成的数据资源成为其关键资源和重要资产，其经营主要围绕用户的个人信息如何挖掘、如何收集和如何整理而开展，因而对腾讯平台核心资源和竞争利益的维护也值得考虑。三是可携带权具有一定效率低成本高的困境。从前文分析可以看出，用户信息可携带权的赋予和行使，存在一定效率低成本高的困境，消减数据信息处理的规模经济效应，反过来可能在一定程度上会减损用户福利。因此，信息可携带权运用，应着眼于增加个人信息权行使的弹性和提升数据使用效率。当交易成本较低时，数据平台应尊重用户意志，满足其数据携带、传送他人的需求。当数据携带权行使造成他人个人信息侵权或严重影响企业的用益权等合法数据权益，造成较高交易成本时，就应充分考虑各方利益诉求并进行权衡。

第三节 "三重授权"原则

一 "三重授权"原则缘起

"三重授权"原则起源于新浪微博诉脉脉不正当竞争案，二审法官结合案情提出，第三方应用通过开放平台捕获个人信息时应当遵循"三重授权"原则。基于脉脉不当抓取和非法使用新浪微博用户的个人信息，新浪微博于2015年将脉脉软件诉至法院，要求脉脉停止不正当竞争行为、消除影响并赔偿损失。在此前，新浪与脉脉曾就双方合作问题达成协议，脉脉软件依托新浪微博的账户，用户可以自由注册脉脉并直接授权登录，以便获取更便捷的服务。同时，经新浪授权，脉脉可获得微博用户的部分个人信息。在合作关系持续期间，新浪微博发现脉脉非法获取了合作协议约定范围外的个人信息，从而取消合作。然而，脉脉在终止合作协议之后，仍然依托新浪微博来不当抓取和非法使用其中的个人信息，并未经授权将微博的用户与用户手机通讯录建立链接，搭建对应关联，因此新浪微博以不正当竞争为由将脉脉告诉至法院。

新浪微博诉脉脉案最终以新浪微博胜诉告终[①]。一审法院审理后，认为脉脉构成不正当竞争，非法获取和利用新浪微博用户个人信息，从而支持了新浪微博的诉讼请求，判令立刻终止所有不正当行为，并赔偿相应损失和消除不利影响[②]。脉脉对一审判决不服，遂上诉至二审法院。在二审过程中，脉脉软件就新浪用户信息的抓取和使用行为是否合法、正当进行归纳总结，形成如下结论：脉脉软件尚未取得用户的授权同意，其获取个人信息的行为是非法行为，完全违背了脉脉与新浪在《开发者协议》中的相关约定，不仅破坏了Open API合作开发模式，也侵犯了用户的知情、自主选择的权利，有违民事活动中的诚实信用原则和基本商业道德。因此，此案的二审判决明确了在互联网合作开发模式中，依托Open API的第三方在收集和利用个人信息时，必须坚持"用户对平台授权＋平台对第三方授权＋用户对第三方授权"的个人信息保护原则，如图6-1所示。

[①] 参见北京知识产权法院（2016）京73民终588号民事判决书。
[②] 参见北京市海淀区人民法院（2015）海民（知）初字第12602号民事判决书。

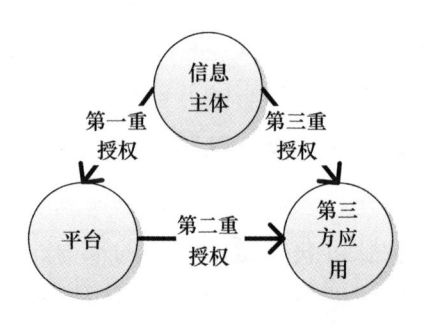

图 6-1 三重授权原则关系

新浪微博诉脉脉案提出三重授权原则后,在理论和实践中引起巨大反响,褒贬不一。有学者指出,二审法院倡导以三重授权为基础的个人信息保护思路,对平衡各方主体利益以及个人信息保护和产业发展具有较好的指导意义[1],值得赞同和推广[2]。也有学者认为,三重授权原则未洞察到个人信息的社会性,忽略了个人信息的商业价值[3],这种方式是借保护用户信息的名义以维护自身竞争利益的策略手段,极其不利于技术创新,是伪个人信息保护[4]。譬如,与新浪微博诉脉脉案十分相似的 HiQ 诉 LinkedIn 案,平台控制方 LinkedIn 认为 HiQ 爬取用户个人信息的行为对个人信息造成极大安全隐患,但主审法官认为,HiQ 的商业模式和数据获取行为是合法行为,并指出,LinkedIn 以保护个人信息为由的资源排他性主张极其虚伪[5]。在我国实践中,"三重授权"原则得到法院相关判决的

---

[1] 参见申卫星《论数据用益权》,《中国社会科学》2020 年第 11 期。
[2] 参见王利明《民法典应强化对数据共享中个人信息的保护》,《北京日报》2019 年 2 月 18 日第 10 版。
[3] 参见高莉《基于利益平衡的数据隐私与商业创新协同保护研究》,《江苏社会科学》2020 年第 6 期。
[4] 参见徐伟《企业数据获取"三重授权原则"反思及类型化构建》,《交大法学》2019 年第 4 期。
[5] 北加州法院:《HiQ Labs 诉 LinkedIn 数据抓取案》,案号:See 273 F. Supp. 3d 1099 (N. D. Cal. 2017),2017 年 8 月。

遵循，本案裁定也重申了这一原则。

"三重授权"原则具有正当性基础。三重授权原则要求 OpenAPI 开发合作模式中，数据持有方向第三方应用提供数据共享是在征得用户个人同意的基础上进行，在取得用户的第一重授权后，数据持有方才有资格根据开发合作协议将已取得的用户信息提供给第三方应用平台，这是第二重授权。同时，第三方应用平台还应让用户知晓其信息的使用目的、内容、范围及方式，并征得其再次授权同意，这是第三重授权。这就是在互联网合作开发模式中，由"用户授权、平台授权、用户授权"构成的个人信息获取应遵循的"三重授权"原则，这条原则已经是互联网领域平台开放的经营者核心商业道德准则。个人信息在流转过程中，容易造成信息主体、信息持有者丧失对其掌握的个人信息，造成个人信息不合理处理行为难以控制，倡导"三重授权"原则旨在保障个人信息利用在可防可控范围。就用户而言，知情同意是个人信息处理的正当性基础。根据《民法典》第 1035 条之规定，授权同意是个人信息处理的首要条件，信息处理者不得过度处理。同样，《消费者权益保护法》第 29 条也做出了类似规定，互联网企业在收集和利用用户个人信息时必须让用户知情并取得同意，知情同意是互联网行业的商业惯例和行动准则。就数据持有者而言，其持有的数据集合是自身在经营管理中积累的核心商业资源，具有较强的市场竞争优势，能够为数据持有者牟取经济利润[1]。因此，"三重授权"原则的提出，具有正当性和合理性。

二 "三重授权"原则的适用范围

"三重授权"原则通过双方自由定价的意思自治方式，能够为数据信息的权利主体提供较强的保护，同样存在一定弊端。譬如，

---

[1] 参见北京知识产权法院（2016）京 73 民终 588 号民事判决书。

这一原则的高标准严要求可能会在一定程度上限制数据的流通和开发，导致企业运营成本和社会成本的增加，形成企业数据垄断，并抑制企业创新和数字经济的发展等。解剖"三重授权"原则蕴含的实质意义，可以发现此原则不具有普适性，难以成为个人信息保护的帝王条款，其适用范围有限。

（一）"三重授权"原则适用于能够识别信息主体的类型

如第三章所述，以个人信息为载体的参与主体权利的赋予和界定是个人信息收集、整理、加工和交易的前提，互联网的海量数据大都是基于信息主体提供的个人信息加工和处理而成，对于可识别的原生数据信息如 ID 名称、头像、教育信息、网页浏览记录等，信息主体拥有个人信息权，信息处理者拥有数据用益的他物权；对于经过信息处理者深度加工、建模处理且无法识别、追踪到个人的衍生数据信息，人格身份已涤除，信息处理者享有完全产权，即数据资产的自物权。因此，三重授权原则的适用范围十分有限，只有可直接识别或通过关联性间接识别到信息主体的数据信息类型，第三方平台获取时除了需信息处理者或数据持有者授权同意外，用户或信息主体再次授权同意，形成三重授权。对于非可识别的衍生数据，数据持有者拥有完全数据资产权，与原生主体不再有"身份"关系，第三方获取此类数据时，无须征得用户同意，但需取得数据持有者同意，避免数据持有者在获取非可识别的原始个人信息上的投入被第三方自由地"搭便车"，保护原数据持有者的合法利益和竞争优势。

（二）"三重授权"原则仅适用开放平台数据获取场合

开放平台数据获取模式（Open API）是基于特定的技术系统所设计的平台开放服务，通过平台公开的接口（API）接入平台技术系统，第三方应用可增加或直接使用该软件系统的资源。开放平台授权登录服务，是指开放平台为已接入的第三方应用和用户提供的，由用户以其开放平台的账号快捷、安全地登录第三方应用，从而帮助第三方应用实现识别已登录用户身份、获取已登录用户基本开放信息等服务。腾讯诉抖音案中，通过腾讯的 OpenAPI 接口的授权和开放服务，抖音能够快捷地识别、授权和许可用户登录，进而实现与腾讯的昵称和头像等数据共享和开放。腾讯平台作为微信/QQ 用户个人信息的控制者和持有者，对用户信息享有数据用益权，受到用户个人信息权的限制和约束，故在对外开放信息时还应遵守有关个人信息保护的法律法规和政策的规定。而抖音、多闪对微信/QQ 开放平台的 OpenAPI 接口接入，不仅需要与腾讯平台签署《开发者协议》以获得腾讯平台的授权，同时还需告知用户关于个人信息的获取、处理，再次征得用户的授权同意。

三 "三重授权"原则在本案中的运用

"三重授权"原则将信息主体与信息处理者之间，信息处理者相互之间的利益均纳入考量范畴，是自由与秩序、公平与正义的权衡与较量，为此后新生的同类案件提供裁判思路。

（一）用户授权同意

首先，用户腾讯平台首次授权同意。授权同意是信息处理者收集、整理、加工和应用个人信息的正当性前提。对于无法识别到原发主体的数据归属于数据企业，此类数据信息无须用户同意毋庸置疑，此处不再进行讨论。对于图 6-1 中信息主体的首次授权同意，是通过点击确认平台的《服务协议》和《隐私权政策》的操作，使得数据平台初次从信息主体处收集如性别、邮箱号、网页浏览记录、出行信息等具有可识别性的个人信息，个人信息经用户授权采集完成后，该信息处于数据企业的控制中，数据企业由此获得该信息占有、使用的数据用益权。腾讯通过《软件许可服务协议》《QQ 软件许可及服务协议》《QQ 隐私政策》和《微信隐私保护指引》等一系列文件，获得用户的授权同意。此时，微信/QQ 头像、昵称和社会关系链属于原发主体，用户对其享有所有权。对于首次采集到个人信息的腾讯平台，对其持有的个人信息享有数据用益权，这是一种他物权，个人信息的所有权仍属于用户。

其次，用户对抖音、多闪的再次授权同意。在本案中，虽然腾讯通过一系列文件获得用户授权，取得对其个人信息使用的合法性条件，但将其首次收集到的用户信息开放和共享与抖音、多闪使用，还需用户再次对抖音、多闪授权，主要基于以下理由：一是虽然不是从用户手中直接收集和使用，但这种开放和共享的行为仍是对具有识别的个人信息采集与利用；二是微信/QQ头像、昵称和社会关系链的原发主体是用户，用户对其享有所有权，腾讯平台基于劳动、加工贡献仅享有用益的他物权权益，因而腾讯只能在授权范围内利用个人信息，并且应以"合法、正当、必要"为利用原则；三是根据用户与腾讯平台达成的协议，腾讯应依法保障用户对其个人信息处理的知情权、选择权。腾讯将微信/QQ头像、昵称和社会关系链开放于第三方应用，需经用户同意，正是对用户知情权、选择权等个人信息权的具体落实。

通过前述分析可知，确保开放平台数据信息流动的安全，保障信息主体合法权益不被侵害，既是开放平台模式具有合法性的前提，也是平台经营者对外提供开放服务的要求。抖音在使用通过开放平台的OpenAPI获取用户信息等数据时，应当受开放平台开发者协议的约束，还应遵守法律法规所确定"合法、正当、必要"的个人信息处理原则，以及前述三重的授权原则。作为第三方开发者，抖音通过微信/QQ开放平台获取用户头像、昵称等信息后，应妥善处理并在授权范围内合理使用相关信息。

（二）平台同意

首先，腾讯平台对微信/QQ头像、昵称等个人信息享有合法权益。虽然我国制定法上尚未确认信息处理者对个人信息应享有的权利，但正如第三章分析可知，在对个人信息生产、整理、加工和应用的整个链条中，个人与信息的主客体关系逐渐减弱，而信息处理者基于投入和价值创造使得其与信息的主客体关系由弱变强，使得个人信息载体之上既含有信息主体的个人信息权，也包含信息处理者的数据用益权甚至是数据资产权。从司法实践中对同类案件的裁判观点可以看出，信息处理者对数据产品享有相应的合法权益得到了法院的支持，这对立法的滞后形成一种替代性的补救措施。腾讯平台通过自身经营、大量投入取得了微信/QQ头像、昵称和社会关系链的数据用益权。并且，腾讯持有的这些用户信息已成为企业核心资产，通过授权同意规则，减少抖音、多闪等第三方应用的"搭便车"行为发生。倘若第三方不经持有方同意就能取得其掌握的数据，无疑会在一定程度上侵害腾讯平台的商业资源，减损其市场竞争力。

其次，通过腾讯平台同意，控制个人信息处理风险。如果说用户授权同意是个人信息安全的第一道入口，那么腾讯平台的授权同意则是个人信息处理风险控制的第二道防线。正如《互联网个人信息安全保护指南》第6.6条的规定，数据持有方对个人信息进行开放和共享时，应对个人信息处理的安全风险进行评估，考察第三方对个人信息处理的安全保障，只有具备相应的安全保障能力的第三方才能与之共享和开放。因此，平台同意不仅是维护自身商业资源和排他性财产权益，也是对第三方服务平台的数据安全能力把关，以保障个人信息安全。

腾讯为确保包括用户个人信息等在内的数据安全，不仅有权通过接入审核机制选择合作对象，亦有权通过制定开发者协议及平台管理规范等，确立、限制其所开放的数据范围及第三方应用获取数据的使用方式、使用范围等，以维护平台合理秩序、维系平台有序运营。微信/QQ《开放平台开发者服务协议》对腾讯平台的数据使用授权、使用范围和禁止使用的情形做出约定，并明确声明相关数据属于腾讯的商业秘密，对于违规抓取使用的非法行为，腾讯享有要求删除相关数据的权利。该协议显示，腾讯针对其开放平台服务制定有关管理规则并公示，既是维护腾讯的数据资源、保护其用益权的体现，亦是个人信息"使用者负责"的个人信息处理的权责利统一的体现。

第四节　保护路径的优化

一　现有个人信息保护的法律应对

当前，虽然我国个人信息保护法已经出台，虽然这部专门性法律规范对个人信息处理行为针对性强，但是个人信息保护的规范性关涉内容散见于《档案法》《网络安全法》《消费者权益保护法》《刑法修正案（七）》《刑法修正案（九）》《电子商务法》《民法典》《反不正当竞争法》等法律法规中，个人信息保护规范体系初步形成。然而，现有个人信息保护法律规范具有一定局限性，主要表现在两个方面：一是大多数法律规范不成体系，规范质量不高。现有个人信息法律、行政法规、部门规章由不同主体制定，大多局限于某一特定领域，如《身份证法》《档案法》《电信法》都是由不同主体制定且适用于特定对象，且这些法律中关于个人信息保护内容仅是附带性规定，导致规范内容碎片化、质量不高。二是无法满足司法裁判规则需求。个人信息保护的法律规范主要在公法领域，而实践中个人信息处理案涉争议大多数属于民事方面内容，部分现有的个人信息法律规范不能直接作为司法裁判依据适用。

二　个人信息保护路径的困境分析

（一）基于不正当竞争的保护

当前，数据企业对其持有的用户数据的财产权尚未法律化，通过威科先行检索发现，此类诉争大多以不正当竞争作为案由，判断被诉行为对市场竞争的影响、对其他经营者的损害和消费者的合法权益的影响。淘宝诉美景、新浪微博诉脉脉等相关司法裁判均以双方当事人是否存在竞争关系为前提进行审理，本案也不例外。然而，依据《反不正当竞争法》对个人信息进行保护存在一定困境。一是在主体上，《反不正当竞争法》适用于主体间具有竞争关系，当数据产品被不存在竞争关系的第三人获取、使用时，数据产品持有方的合法权益无法得到维护，信息主体的合法权益也很难得到保障；二是保护效果上，《反不正当竞争法》适用于因他人的不正当竞争行为导致损失的救济，是一种消极保护方式，不能为信息主体、数据产品持有人提供事前的、以积极作为的方式加以防范，仅能在因他人侵害行为造成后果时诉诸法律，因而保护效果有限。

（二）基于合同之债的保护

数据产品开发和使用中，合同双方的分工、角色、内容等与普通合同关系存在较大不同，普通合同之债保护无法解决纠纷。数据产品、服务是一种新型合同，在复杂多变的网络空间中，双方当事人共同作用，相互交融，共同创造出较高价值的数据产品或服务。微信/QQ用户头像、昵称和通讯录数据是用户和平台之间共同生产，相互作用和相互交融、共同创造而成，这与普通合同交易建立在明确的社会分工基础之上的场景存在较大不同。在传统合同中，合同交易双方角色分工明确、财产归属明晰、合同内容稳定。而在本案中，微信/QQ用户和平台之间表现为双向动态的结构特点，微信/QQ用户和平台之间的社会分工界限不清，用户和平台既是生产者又是消费者、两者既是销售者又是购买者，每个参与主体都承担着多重角色且不同角色之间可能会相互转换。同时，与传统交易合同内容的稳定性和固化性不同，此类合同内容可能在具体执行过程中，随着具体场景变化呈动态调整，从而使传统交易合同的纠纷解决方式不足以应对当前新型交易在内容上的变化。因此，对于本案的微信/QQ用户头像、昵称和通讯录数据的纠纷，倘若仅仅依据腾讯、用户签订的许可、开发服务等协议来认定和裁判，其正当性基础远远不够。

退一步来讲，即使能够按照普通合同要求违约方承担违约责任，客观上也存在诸多不可能实现的因素。一是受合同相对性的限制。信息主体不一定与第三方和数据方之间具有合同的关系，这就导致无法依据合同追溯第三方和数据方的责任，从而体现出违约责任的相对性，即使出现侵害信息主体客观事实，信息主体也无法依据合同获得救济。二是主体多元性、变动性导致难以举证问题。例如，在本章的案例中，用户头像、昵称等个人信息牵涉腾讯、抖音和多闪三个组织，如果用户以合同纠纷为案由，无论是单独起诉腾讯、抖音还是多闪，均无法证明被告的行为直接导致违约，且腾讯、抖音和多闪都可以以涉及其他主体为理由进行辩护，从而导致信息主体的举证困局，由此导致法院驳回案件的概率极大。

（三）基于侵权之债的保护

较之于《反不正当竞争法》的保护，援引侵权责任法相对扩大主体范围。在司法实践中，若是用户提起诉讼，多以侵权为案由诉至人民法院，法院按照侵权的责任规范和程序进行处理。但是，个人信息保护的侵权责任路径面临如下困境：一是侵权责任认定一般采取过错的标准，依从的是"谁主张，谁举证"的原则，由受害方承担证明侵权事实、损害以及因果关系存在的举证责任，这无疑增加本处于信息和技术劣势的信息主体的证明难度。若有第三方信息处理者的存在，又进一步增加了证明的难度，如在本案中，处理方可能涉及腾讯、抖音和多闪，用户根本没有能力证明侵害行为来自腾讯、抖音还是多闪。在"朱迎光诉中国联通连云港分公司、傅红的隐私侵权案"[①] "庞某诉东方航空公司和趣拿公司的隐私侵权案"[②] 和"赵志平、赵虹与浙江浪仕威电子商务有限公司、浙江天猫公司案"[③] 中，同样都由于原告无法完成举证侵权行为，法院驳

---

① 参见江苏省连云港市中级人民法院（2014）连民终字第0006号民事判决书。
② 参见北京市第一中级人民法院（2017）京01民终509号民事判决书。
③ 参见辽宁省沈阳市和平区人民法院（2015）沈和民一初字第00732号民事判决书。

回上述申请。事实上，由于信息不对称和技术的限制，以上原告根本不可能实现对侵权的举证。二是受害方获得的救济有限。在个人信息侵权案件中，受害人的直接损害相对轻微，根据我国侵权责任法的损害填补原则，受害人得到的赔偿很低甚至没有。同时，大数据技术使得个人信息侵害极其隐蔽，决定了停止侵害、消除影响、排除妨碍等责任承担难以奏效，这导致了信息在受到侵害后能获得救济的途径十分有限。三是预防功能薄弱。举证困难、救济途径有限，加之技术、信息不对称，导致信息处理者侵权成本低，难以激励其加强风险控制，提高个人信息保护的注意水平。

三　数据产品的产权保护

由个人信息构成的数据产品纷争，数据持有者根据《反不正当竞争法》一般条款，以保护个人信息为理据主张数据排他性，从而保护自身的合法权益。透过此类有关数据权的主张和相关争议，能够清楚认识到，在企业数据竞争维度，尽管案涉平台企业将用户个人信息保护带入讨论，真实目的是对个人信息资源的争夺与角逐。此时真正有效保护个人信息，仅仅关注用户受到何种侵害、损失大小、应如何加以保护等这些常规问题远远不够，而是首先掌握大数据产品运作规律，从企业数据竞争这一角度入手，维护好企业权利、落实好与之相匹配的义务，而不是打着保护个人信息的幌子来包装其对数据的独占和专有，才能从根源上用好、保护好个人信息。

大量信息处理者之间因个人信息生成的数据权益争议，过分依靠《反不正当竞争法》解决数据企业间数据信息纠纷，进而间接解决个人信息保护问题的裁判思路，在面对数字经济时代日益增加的数据产品纠纷往往无能为力，无法最大限度给予信息主体和信息处理者充分的法律保护。如本书第二章和第三章所述，依据是否可识别性，信息可以分为可识别的信息和无法识别的信息，对于前者信息（如本案用户的微信/QQ 头像、昵称），法律应赋予用户个人信息权，赋予数据企业用益权，并建立产权保护的模式。建立数据产权保护具有较好的经济效率，一是数据权利主体可以根据意思自治原则，自行与他人交易其所持有的数据，避免数据孤岛的现象大量存在，从而实现信息、数据资源的合理配置。二是信息处理者能够获得比不正当竞争更有力的法律保护。在证明责任方面，权利主体无须证明其持有和控制的数据信息是否符合法定条件，对他人过错也无须承担举证责任，从而不再被法院无裁判依据又不得不裁判的牵强所误导。三是保护个人信息不再是数据持有者的幌子或附带性带入，而是保障数据企业数据采集使用的可持续性、高质性的内在性要求，使数据企业的品牌形象、声誉价值外在提升，进而将个人信息保护化为信息处理者的内生需求，提升个人信息保护实效。

四　最优保护的注意水平

数字经济时代，人们的生活由现实空间转移到网络空间，技术壁垒、信息优势导致信息处理者能够以较低的成本和隐蔽的方式处理个人信息。在处理过程中，一旦个人信息保护不力，信息主体证明侵权行为以及其与损失之间的因果关系存在较大难度，造成信息主体利益损害，从长期来看，也不利于数字经济发展的整体利益。因此，赋予信息处理者合法权益的产权保护后，还需考虑其在个人信息处理活动中的对个人信息保护的投入力度和注意水平。通过引入汉德公式，衡量信息处理中在个人信息保护上的注意投入是否合理，可以在一定程度上化解风险。

汉德公式（the negligence formula of Judge L Eamed Hand）[①]源自美国联邦第二巡回区上诉法院首席法官汉德在 "United States v. Carroll Towing Co." 一案所做出的判决。该案的问题是，由于驳

[①] 参见［美］罗伯特·考特、托马斯·尤伦《法和经济学》，张军等译，上海三联书店1994 年版，第 494—495 页。

船松脱会碰撞其他船只，驳船的所有者在靠岸之时是否需要以及如何检查沿岸情况。法官汉德认为，不考虑其他特殊情况的影响，三个变量共同决定着驳船所有者的检查责任，一是驳船缆绳断掉的概率 P，二是缆绳断掉后可能对其他船只造成的损害 L，三是船主事先预防的措施费 B，其中损失概率（即缆绳断掉的概率）与断掉后的损失 L 之积称之为损失期望。因此，通过三个变量而计算和比较缆绳断掉的损失期望与预防费用 B 的大小而得出船主是否负有责任的结论，若预防费用小于损失期望，即 $B < P*L$，应该由船主承担缆绳断掉的预防及造成的后果，否则就不能由船主来全部承担责任。汉德公式提出后，法官通过重复引用其来寻找有效率的注意水平，譬如在"Hendricks v. Peabody Coal Co."案中，汉德公式被用于边际注意成本。原本针对个案提出的汉德公式现已被应用于确定是否有效率的法定标准，正如艾克曼所言，汉德公式从成本收益的规模和分配方面，为采用何种规则提供了一个理性的分析结构[①]。汉德公式表明，当边际预防成本等于边际预防收益时，是施害人最优注意水平点。当预防成本大于预防收益时，施害人未尽到最优注意水平；当预防成本小于预防收益时，施害人则尽到最优注意水平。

在本案中，腾讯平台有义务保障用户微信/QQ 头像、昵称及其社会关系链形成的个人信息权免受侵害，并进行合理的注意和防范投入。譬如，对微信/QQ 头像、昵称的个人信息处理可能会给用户造成 2000 元损失，在一年内发生该事故的概率为 1‰，根据汉德公式，为了避免该侵权事故发生，腾讯需要投入不低于 2 元的预防成本以防范该事故发生，若投入低于 2 元，说明腾讯未进行合理的保护投入，对个人信息的保护力度不够。若在个人信息保护上投入 2 元及以上，说明腾讯对保护个人信息已进行充分投入注意。

---

① See Shavell, S., "Liability for Accidents", *Handbook of Law and Economics*, Vol. 1, 2007, pp. 139–182.

第五节　本章小结

在数据成为新兴经济资源的背景下,"头腾之争"将个人信息保护问题具象化。腾讯与抖音的用户头像、昵称及社会关系链之争,不仅是关于个人信息权利束的分割与归属争议,也是法律规则的选择和适用问题,更是主体力量的较量、行为博弈的客观反映,"头腾之争"验证了个人信息协同保护的重要性和必要性。

本章将协同保护理论与腾讯抖音头像昵称之争的案例结合认为,个人信息保护不仅局限于信息主体本身,而且对信息处理者之间数据产权有重要的支撑价值,甚至是国家和政府维护集体价值、公共利益和国家主权的基石。因此,权利安排是基础,也是"三重授权"原则的来源和基础,决定了保护路径的优化,影响实践中商业模式的选择和相关产业的发展。同时,有效推进个人信息保护必须坚持协同的思想,综合运用"三重授权"、建立数据企业产权保护,再通过汉德公式考察数据企业的保护投入力度,推进权、责、利的多维保护要素协同。

第七章

个人信息协同保护的制度构建

"制度是一系列对人施加约束的正式的和非正式的规则的集合。"[①] 个人信息保护法律、法规及政策，是对个人信息处理中各方主体的规范和约束，是一种正式制度。美国法学家罗斯科·庞德曾言，法律制度一经施行就必须具有稳定性，以便指引、评价社会成员的行为活动，但这种稳定不是静止或一成不变，需要根据科技发展、社会进步加以调整[②]。长期存在并不断扩大的信息安全、信息侵害等问题，与数字经济时代个人信息保护与利用之间的矛盾关系形成共振、叠加，单纯依赖个人自主控制已无法达到保护效果和维护保护效率，并且多元主体的参与和互动成为数字经济的基本要求，对此需要重新构建面向数字经济的个人信息协同保护制度。数字经济的协同保护制度应当变成什么样的价值导向？其中如何搭建协同机制和如何选择具体路径？本章将在习近平新时代中国特色社会主义思想的协调发展理念的指导下，聚焦"加强个人信息保护""健全共建共治共享的社会治理制度"和"加快构建以国内大循环为主体、国内国际双循环相互促进的新发展格局"等党的二十大精神，依托西部陆海新通道、RECP（《区域全面经济伙伴关系协定》的简称）的战略机遇，重视区域共建共享共治、突出西部陆海新通

---

① 参见杨德才《新制度经济学》，南京大学出版社2016年版，第3页。
② 参见［美］罗斯科·庞德《法律史解释》，邓正来译，中国法制出版社2002年版，第2页。

道的作用，以多元协同为"元理念"，并结合第三、四、五章所搭建的权利、规则、行为协同理论框架和第六章的案例分析，构建适合数字经济多元协同的个人信息保护制度框架，并提出其实现路径，为未来我国个人信息的协同保护指明方向。

第一节　个人信息协同保护的价值要素

根据前面理论分析，个人信息协同保护，是指在发挥市场机制的前提下，充分调动各参与主体的主动性，形成信息主体自主控制、信息处理者技术设计、政府管理与引导的多元协同保护制度。习近平新时代中国特色社会主义思想的协调发展理念强调"协调既是发展手段又是发展目标，同时还是评价发展的标准和尺度"[①]，个人信息协同保护不是以一种简单、静态的理论存在，有别于以往的单一强调信息主体的绝对控制或简单粗暴地为信息处理者施加义务，协同强调各主体、客体和要素之间相互影响、相互作用、互为因果，在个人信息处理中表现为各方力量共同推动个人信息保护的动态过程。协同保护整合了传统个人信息保护的积极要素，克服传统保护市场在某些领域的失灵和措施的僵化，更注重为信息主体、信息处理者和政府的合作提供规范和框架。本节根据爱莫森等（2011）协同理论框架，聚焦党的二十大关于"加强个人信息保护"的精神，提出实质参与、共享动机和联合行动能力的个人信息协同保护价值三要素，作为协同保护制度构建的价值导向。

一　实质参与：优化知情同意质量的权利导向

知情同意原则是个人信息处理的基本原则，协同保护不仅可以提升信息处理者告知的质量，也可以提升信息主体同意的质量。大

[①] 习近平：《深入理解新发展理念》，《求是》2019年第10期。

数据情景下，个人信息处理的多主体参与、复次使用等特征，弱化了信息主体对信息处理的知情度，加之晦涩难懂且冗长的知情同意书，使得权利义务内容、风险损害的可能性大小无从知晓，知情同意原则流于形式，效果十分有限。针对现行知情同意作用的有限性，理论界提出相应的解决方案，要么扩大知情同意范围以达到狭义保护个人信息的目的，要么弱化同意形式或降低告知的充分性和确定性以达到信息流通目的，这更容易把信息主体排除个人信息处理活动之外，加剧信息主体的失控感和不安感。协同机制能够刺激信息主体对其个人信息重要性的认识，从而更谨慎地考虑是否同意。这又进一步促使信息处理者在协同制度中向信息主体公开更多的信息处理内容，甚至设计更强的个人信息保护措施，以换取信息主体的信任，从而保证信息生产和来源的可持续性。因此，协同机制能够把信息主体和信息处理者的利益捆绑一起，形成良性互动，从而提高信息主体和信息处理者的告知与同意质量，实现信息主体和信息处理者实质参与信息处理活动。

二 共享动机：从零和走向合作的行为导向

传统个人信息保护机制，以及理论界提出的优化方案，大多采用部分分析法，完全强调信息主体对个人信息的控制和信息自决，忽略其他参与主体的利益和诉求，将信息主体和信息处理者的利益关系视为相互对立、不可调和的对立面，进而将个人信息保护和利用关系定性为非此即彼、此消彼长的零和博弈。协同保护则不同，为信息主体和信息处理者的个人信息处理提供了对话协商空间，拓宽个人信息保护的参与主体。信息处理者所收集、处理的信息，对企业而言是预期收益最大的信息；对信息主体而言，通过让渡部分信息，可以获得相应的优质对价服务，提高生产生活便利。信息处理者为保障长期的可持续的个人信息生产和来源，以实现利润最大化，必然会做好个人信息保护的技术开发设计，以维护数据来源的长期性、持续性和高质性。因此，协同保护机制为政府、信息主体和信息处理者提供一个可参考的价值标准，三方主体可通过沟通、交流和谈判，在同一向度上寻求多赢、共赢格局。

三 共同行动能力：提升个人信息保护的效率导向

协同保护机制激励信息主体和信息处理者提高个人信息的流通速度，满足数字经济时代个人信息保护和利用需求，进而实现信息共享。从共同行动能力的角度，协同机制具有三方面的效率优势：首先，协同机制可以填补传统保护模式所强调个人信息自主控制的单一性，促进行政主管部门强化对信息处理者和信息主体等的监管，以公权角度从外部改变参与主体的不良偏好，从而提高保护效率。其次，协同机制能够激励信息处理者之间及其内部管理部门调整、改良和优化不符合时代的管理职能，在个人信息处理全生命周期中为第三方提供必要的技术支持和数据升级，使之联结成利益共同体，进而消减影响信息开放、共享的不利因素。最后，协同机制能够引导参与主体发挥各自优势，整合资源，促进合作与交流，引导和激励政府、信息主体和信息处理者之间形成协调、有序的内外环境，从而弥补传统个人信息单一保护的先天不足，降低信息处理成本和提升效率，实现"在保护中利用，在利用中保护"。

第二节 个人信息保护制度的协同机制

习近平新时代中国特色社会主义思想的协调发展理念认为发展必然"既有发展优势、也存在制约因素，在发展思路上既要着力破解难题、补齐短板，又要考虑巩固和厚植原有优势，两方面相辅相成、相得益彰，才能实现高水平发展"[①]。个人信息协同保护，并不

[①] 习近平：《论把握新发展阶段，贯彻新发展理念，构建新发展格局》，中央文献出版社2021年版，第85页。

是将各种协同要素简单归集，而是要"补齐短板、厚植优势"，在个人信息处理过程中强调协同机制，通过协同机制发挥各要素作用，从而产生系统协同效应。个人信息保护的协同机制是指在个人信息处理活动中，相关主体内部、主体之间以及主体与外在环境之间，相互作用、相互调适，使得协同要素能够随不同主体、外部环境变化进行动态调整和优化，从而提升全局协同效应的各种方法、路径。对此，本节以协同保护价值三要素为导向，聚焦党的二十大关于"健全共建共治共享的社会治理制度"的精神，遵循协同保护的理论逻辑，提出公私权配合、激励相容和利益协调的协同保护机制，作为制度构建的主体。

一　公私权统一的权利配合机制

数字经济时代的个人信息，集人格财产、商业产业、社会管理和公共服务的多重价值于一体，这就要求个人信息保护不仅需要对私主体赋权，也需要政府公权对个人信息处理行为进行监管，公私权多管齐下、多轮驱动，从而平衡政府、信息主体和信息处理者的利益[①]。从域外经验来看，世界各国均采用公权监管与私权自治相结合的协同驱动机制来保护个人信息。公权监管就是由政府公权部门制定个人信息保护目标、责任分配、权利救济等方面内容，管理并监督其实施；私权自治则是通过确立民事主体对个人信息的民事权利，通过私权制度对个人信息给予保护，至于权利如何实现及实现方式，由私权主体确定，政府监督执行。因此，协同保护并非各参与主体处于对抗地位，是利用多手段多途径激发参与主体的保护意愿，进而共同发挥公私主体等多元主体各自的优势。

有效保护个人信息，私权自治是基础，政府公权监管是核心。在国家层面，我国政府开始推动相关的立法及其实施工作，其中

---

① 参见张新宝《从隐私到个人信息：利益再衡量的理论与制度安排》，《中国法学》2015年第3期。

《数据安全法》和《个人信息保护法》已面向社会公开施行。在实践层面，将信息主体的告知同意和企业信息政策评估作为提升个人信息保护的重要举措。告知同意强调隐私政策评估和设计强调隐私政策本身的完善，政府公权监管更注重外部的处罚和监督，旨在使信息主体的同意和信息处理者的个人信息保护政策产生实效。政府公权监管和私主体的私权自治虽分属两个层面，但内容关联、目标一致，意在实现多元主体参与保障个人信息安全和财产价值的状态。

二 激励相容的规则调节机制

个人信息保护规则主要采用赋权的财产规则，辅之行为规制的责任规则。赋权是法律从正面的角度界定各方主体的权利，权利边界就是第三人行为自由的边界。行为规制则是法律以"清单"列举的方式，明确行为主体"可为"和"勿为"的行动界限，以此反推权利主体的权利保护范围。我国现行个人信息保护规则将信息主体授权同意作为个人信息合法利用的评判标准，并通过一系列规范强化信息主体对其信息的自由支配力。在个人信息深度加工、高度利用的大环境，排斥个人信息合理使用、合规开放和共益共享，将造成遏制科技进步、社会发展的严重后果。在大数据背景下，个人信息具有鲜明的时代特征，个人信息"保护"是一个开放性概念，除了包含着信息主体的利益维护外，还体现着信息"物尽其用"的开放和共享的意蕴。因此，个人信息的法律规则，保护个人信息安全、人格尊严和自由是应有之义，除此之外，个人信息保护的目的还在于促进个人信息的合法利用、开放和共享[①]。

个人信息保护应建立财产规则和责任规则相结合的激励相容的规则调节机制。个人信息保护旨在建立合理有序的个人信息秩序并

---

① 参见朱新力、周许阳《大数据时代个人数据利用与保护的均衡——"资源准入模式"之提出》，《浙江大学学报》（人文社会科学版）2018年第1期。

最终实现社会利益最大化。厘清个人信息流动中各参与主体之间利益分配，明确保护与利用的关系，寻求平衡多元主体利益关系的方法和原则，是个人信息协同保护的核心要点，这就需要构建激励相容的个人信息保护规则协调机制，建立财产规则和责任规则相结合的激励相容的规则调节机制。激励相容的规则调节机制，就是在个人信息这个蛋糕中，通过权利和行为控制切割出各参与主体的利益空间，利益受到法律保护，并承担相应的法律责任，切实做到在利用中保护个人信息，在保护个人信息的同时谋发展。

三 利益平衡的行为协调机制

利益分配是所有社会冲突产生的根源[①]。大数据场景下，个人信息这一客体所承载的利益多元化，表现为"权利束"，权利冲突背后的逻辑正是利益分配。倘若各方主体利益发生冲突，法院应根据平等、边界和位阶理论，并结合个案分析利益的优位或次序的利益衡量[②]。个人信息从生产、收集、加工到删除，因参与主体的不同，信息主体利益、信息处理者利益和政府公共利益的价值取向具有多元性：信息主体要求人格自由、人格尊严和财产利益，信息处理者以利润最大化为导向，政府部门则主要是管理、监督的控制力。私主体己方的权利边界是他方的权利，公权力则是对私主体的利益增加或克减。个人信息协同保护，旨在平衡各方参与主体利益，既不能重私益轻公益，也不能轻私益重公益。数字经济时代的个人信息流通与利用，无论是公共利益还是私人利益，都将集成于数字空间共同体，形成相互影响相互作用的效应，对某一类利益的破坏同样会影响、侵犯另一类利益，正如理论界将个人信息称之为

---

① 参见［美］迈克尔·沃尔泽《正义诸领域：为多元主义与平等一辩》，褚松燕译，译林出版社 2002 年版，第 11 页。

② 参见［德］卡尔·拉伦茨《法学方法论》，陈爱娥译，商务印书馆 2003 年版，第 15 页。

"相互依赖的隐私",体现个人信息之上的信息主体、信息主体和政府等利益相关者的利益协调与转化。因此,信息主体和信息处理者之间的私人利益、私人利益和政府之间的公共利益并非此消彼长、相互排斥的关系,对私人利益和公共利益的平衡应具有动态性,三者具有相同的向度,通过构筑个人信息协同机制,在三者价值冲突中找到平衡点,推动信息主体、信息处理者和政府行动一致、行为合作,才能真正提高个人信息保护的效率。

第三节　个人信息协同保护制度的实现路径

习近平新时代中国特色社会主义思想的协调发展理念突出"协调发展是制胜要诀。我们要学会运用辩证法,善于'弹钢琴'处理好局部和全局、当前和长远、重点和非重点的关系,在权衡利弊中趋利避害、作出最为有利的战略抉择"①。个人信息兼具个人性和社会性,两者辩证演化,结合其中呈现的局部和全局、重点和非重点的关系,聚焦党的二十大关于"加快构建以国内大循环为主体、国内国际双循环相互促进的新发展格局"的精神,凭借 RECP 的契机,重视区域共建共享共治,突出西部陆海新通道的作用,构建个人信息保护制度应建立以政府管理和引导为中心,并结合信息主体参与和控制、信息处理者技术设计,以及行业自律的个人信息协同保护路径。一是保护个人信息,不仅需要政府、信息主体、信息处理者和社群组织在个人信息处理过程中充分发挥各自的比较优势,而且需要公权、私权和社会力量相互补充、相互配合、相得益彰,形成"1+1>2"的协同效应。二是个人信息协同保护的路径选择,不仅需要政府部门采取行政管理措施进行有效监管和信息主体的参与和控制,更需要信息处理者加大在技术设计等方面的保护投入。

---

① 习近平:《深入理解新发展理念》,《求是》2019 年第 10 期。

重视政府、信息主体、信息处理者以及其他社会力量参与合作、协力共进，为充分发挥各方积极作用预留下足够的空间，引导多种社会因素的有序参与。三是《信息安全技术个人信息安全规范》（GB/T35273-2020）技术性实际操作规则中，协同思想已初步显现，为信息主体的权利保护指引、信息处理者的合规参考和政府监管的标准推荐之三者协调提供了范本。对此，本节以协同发展理念为指引，提出政府、信息主体、信息处理者、行业协会共同努力、协同合作的实现路径：

一 政府：管理和引导

个人信息在数字经济时代的特征更多表现为社会性，决定了政府应全程参与、管理和引导个人信息处理活动。受计划经济体制的影响，我国政府在经济社会运行中表现为"强政府，弱社会"的状态，个体和其他社会力量均不发达，加之个人信息处理活动涉及多方主体，保护成本高、搭便车思想与救济后收益的大量外溢等困境存在，难以形成集体行动，完全靠信息主体自治或信息处理者自律往往达不到理想效果。通过政府管理和引导，既能保护个体利益，减少个人信息在各个处理环节中不当行为的发生，又能发挥个人信息的社会价值，增进社会福利。

（一）严格前端预防

在前端保护中，政府要根据个人信息处理的生命周期变化和个人信息类型不同，制定相应的个人信息处理的制度供给。一是完善个人信息分类，划定私主体权利边界。包括信息主体和信息处理者在内的私主体对个人信息享有的权利的完整性、享有的具体权利类型，需要以法律的形式加以明确。对信息主体权利的赋予，要充分考虑反公地悲剧和半公地悲剧情形，如第三章所述，赋予信息主体被遗忘权、查阅权、可携带权等个人信息子权利；对于"权利束"上的信息处理者，也应通过立法明确其数据权利，将用益权、数据资产权法律化。二是设定市场准入条件。针对个人信息收集、整理、加工、应用的处理行为，政府应设定参与数据信息处理的市场准入条件和标准，并审查其是否符合条件。三是建立信息处理风险评估机制。立法应当加强对信息处理活动的"事先评估"，针对风险的高低制定宽严相济的监管措施[①]，促进个体利益、社会利益和公共利益的平衡。四是设置个人信息保护专门机构。设置专业机构主要是成立专门机构和设立协调统筹的嵌入式组织，以保障个人信息保护法治化。设置个人信息专门保护机构，可以适当参考新加坡的做法，建立信息安全审查委员会的专业部门，实现个人信息保护工作的上下联动。还可以借鉴德国建立的信息保护专员机关，进而对个人信息处理的全生命周期进行监管。

（二）加强中端行政执法监督

政府应成立专门的个人信息保护机构，并建立执法检查制度，以定期例行检查和不定期抽查的检查方式，检查信息处理者对个人信息保护政策、规则的落地情况。通过询问、调取、查封等相关检查措施，若发现在一定期间内发生两次及以上的个人信息不合规处理行为，应进行重点执法监督，检查内容包括登记备案情况、是否建立风险评估机制、是否建立信息安全的通知上报等制度。

（三）落实末端违法责任承担

一是在行政责任方面，对违反个人信息保护的法律法规、政府规章的信息处理者，结合处理的具体场景判断情节轻重、主观恶性，可以采用《行政处罚法》所列的行政处罚措施[②]，以提高法律责任履行的可行性。譬如，根据欧盟《一般数据保护条例》第83条规定，对于信息处理者的违法处理行为，将处以高额的行政罚

---

① 中华人民共和国国家标准：《信息安全技术　个人信息安全影响评估指南》(GB/T 39335-2020)，2021年6月1日。

② 《行政处罚法》第8条规定了行政处罚的种类，包括警告、罚款、没收违法所得或非法财物、责令停产停业、暂扣或者吊销许可证、营业执照和行政拘留。

款，以增加其违法成本。

二是在民事侵权责任方面，可以根据证据距离原则，实行举证责任倒置，由个人信息处理者对没有违法处理个人信息承担证明责任。

三是在刑事责任方面，应细化"情节严重""数额巨大"等具体标准的认定，便于将个人信息犯罪行为的惩处落到实处。

采用以上行政、刑事和民事责任的制裁措施，能够加大施害人的违法成本，以起到惩戒作用。无论是前端预防、中端监督还是末端惩处，要时刻谨防半公地、反公地的悲剧，保护不能超过必要限度，否则将损耗个人信息的社会价值，造成信息资源浪费，阻碍数字经济高质量发展。

（四）加强个人信息出入境的监管。

随着世界经济一体化进程不断深化，个人信息跨境流动问题日益突出。保障网络和国家安全，维护空间主权和社会公共利益，应根据《国家安全法》《网络安全法》等相关具体要求，在个人信息跨境流动前进行相应的安全评估[1]。另外，我国政府应积极参与国际交流与合作，在改善我国个人信息保护效率的同时，维护我国个体、集体、社会公共利益，以应对个人信息出入境带来的严峻挑战。

二 信息主体：参与和控制

信息主体参与和自主控制的核心价值与目的，在于尊重人的自治与自由意志。通过预设人是理性和自主的，由于理性而能够认知个人的最大利益之所在并基于此做出决定，通过参与和控制，能够根据自己的自由意志排除外在影响、独立自主地做出决策。信息主体的参与和控制，表现为通过以知情同意为核心，辅之查阅、访

---

[1] 参见张金平《跨境数据转移的国际规制及中国法律的应对——兼评我国〈网络安全法〉上的跨境数据转移限制规则》，《政治与法律》2016年第12期。

问、更正、删除、携带等一系列的权利安排和行使。

（一）提升知情同意质量

知情同意原则是个人信息处理行为进行正当化的理论和规范依据。作为一种横跨公法与私法、应用于多个领域的制度安排，知情同意历经时代考验，已经成为各国普遍接受并在法律文件中明文规定的制度。信息主体的参与和控制则是知情同意原则的深化，是信息主体实现个人信息保护的基本权利和基本途径，能对个人信息处理行为进行一定约束，通过信息主体参与和控制审视个人信息处理行为的合法性、合理性。现有的知情同意制度，关注形式上是否存在告知、知情的外观，并将具有这一外观的决定都视为或推定为当事人基于自由意志而做出的同意，信息主体难以获取有关个人信息处理的情况，使得信息主体参与和自主控制流于形式。提升知情同意质量，就是坚持知情同意的基本立场，通过制度设计使当事人真正知晓其所面对的个人信息处理事项，明晰同意可能带来的风险、成本和收益并在此基础上做出决定，这才是真正尊重当事人真实的意志与决定。

提升知情同意质量，应从两方面入手：一是文字简洁明了、通俗易懂。常见的隐私政策、告知书、知情同意书等文书均由受过专门教育和训练的人士所作，不仅内容充斥专业术语，而且动辄数页乃至数十页，普通人既没有耐心也没有能力去阅读这些文字，无法真正理解相关内容，更不可能预知其中隐含的可能性风险。由此，提升知情同意质量，真正做到当事人知情并基于真实意志而做出决定，隐私政策、告知书、知情同意书等文书的制作必须以普通人是否能够读懂、理解为评价标准，做到简单明了、清晰易懂。二是权利义务内容明确、风险分配公平。权利义务是成本收益在法律上的表达，责任和风险则是损失的负担。然而，在现有的隐私政策、告知书、知情同意书等文书中，常常出现告知事项中的权利义务内容不明确，个人信息处理行为产生的责任和可能风险表达含糊，信息处理者甚至在文本中排除自己的义务和责任，试图将风险尽可能转嫁到信息主体上，倘若信息主体随意点击"同意"按钮或直接打钩，信息主体无从或无法意识到成本的大幅度提高，知情同意质量大大减弱。

（二）丰富信息主体的权利内容

如本书第三章所述，大数据场景下的个人信息保护，需要赋予各参与主体的权利，建构权利谱系，才能把个人信息保护落到实处。发展和丰富信息主体的权利内容，是信息主体按照自己意志，自主决定和参与个人信息处理活动的前提和首要条件。

一是明确规定个人信息权，为个人信息提供整体性保护。《民法典》在继承《民法总则》的基础上，规定个人信息受法律保护，以法益的形式保护信息主体利益。随着技术发展和社会进步，个人信息的商业价值逐步显现，个人信息可转化为数据进而成为重要生产要素，这种法益保护的形式不能满足大量个人信息处理活动的需求。未来《个人信息保护法》的落地应进一步明晰个人信息权的法律地位和属性，重点设计能够契合技术发展和创新的个人信息保护机制，从法律与技术两方面搭建个人信息保护路径。

二是建立个人信息权的新型子权利。《民法典》和《个人信息保护法》虽然规定了信息主体查阅、复制、更正、删除等权利，但也不能应对数字经济时代个人信息处理的强劲需求。由此，应参照欧盟《一般数据保护条例》的立法思路，建立新型子权利：建立被遗忘权，为个人信息非有益性处理提供救济；建立可携带权，增进信息主体对个人信息控制和保护的自主性；建立限制处理权，提升个人信息他者处理的可知性和限定性。总之，被遗忘权、可携带权、限制处理权是个人信息权利体系的组成部分，与查阅权、复制权、更正权等共同构成个人信息权的基础性子权利。新兴子权利丰富和延展了个人信息权的范围，为个人信息保护的实践逻辑奠定了权利基础。

三　信息处理者：技术设计

大数据技术加速海量信息之间的验证和融合，使得信息主体及其个人信息暴露在巨大风险中。此种风险大量存在于个人信息处理的各个环节，大数据场景下的个人信息保护的实质应是规范个人信息处理行为，控制不合理不合规的个人信息处理行为发生。因此，应加强对信息处理者处理行为的规范，并重点防范个人信息的处理过程中引发的各种损害风险，建立风险评估、隐私嵌入设计等的"多轮驱动"风险控制设计。

（一）风险评估

风险评估能够降低个人信息的非法处理的可能性。如前所述，虽然知情同意是个人信息处理的前提和基础，但相较于信息主体，信息处理者具有明显的技术、信息优势，能够从专业角度判断其处理行为是否会对信息主体造成影响以及造成何种、多大的影响。同时，由于个人信息保护的边界并不固定，随应用场景的变化而变化，具有主观性和动态性，故信息处理者在个人信息处理前，应对处理过程中可能存在的风险进行预判、估算，对其处理行为的合法性、合理性进行理性分析，以便降低个人信息的处理风险。个人信息风险评估，意指评估处理行为对个人信息权的影响，主要是通过协助信息处理者识别、最小化个人信息风险，并采取适当的措施防止或最小化这些影响。信息处理者按照规范的风险评估程序，研判是否符合合法、正当和必要的个人信息处理原则，避免信息处理者利用自身技术优势，陷入既当裁判员又当运动员的冲突境地。个人信息处理活动，应当建立风险评估制度，将其建设为系统化、标准化的程序，只有当个人信息处理行为经过信息主体同意且对信息主体影响较小或无影响的情况下，方能进行相应的个人信息处理，既能在一定程度上弥补信息主体权利行使的困境，又能确定具体场景中信息处理者义务及其边界，对现行规则体系起到补充作用，这种理念已经得到认同并广泛应用于实践中。

通过个人信息风险评估，信息处理者可以提前识别个人信息处理过程中可能存在的侵权风险，进而主动采取预防、避让措施。鉴于个人信息风险评估的优越性，域内外国家纷纷倡导建立信息处理者的个人信息风险评估制度，以消解个人信息保护困境。在国内实务中，2020年版的个人信息安全规范，指导信息处理者在处理个人信息中如何开展个人信息安全评估，如评估方式的选择，以及企业内环境和外环境等情况发生变化时如何应对，促进个人信息安全风险评估指标体系的建立和完善。同样，域外国家也纷纷对个人信息处理的安全风险进行评估体系建设，譬如OECD规定信息处理者在处理个人信息前，必须先制定个人信息处理计划和对个人信息处理行为进行风险评估，并制定个人信息安全防范措施。

(二) 个人信息嵌入设计

法律制度总是滞后于科技的发展，尤其是在智能化、数据化和网络化的信息时代，个人信息保护单纯依托某一手段或规则都不能包打天下，有必要革新个人信息保护方式。故此，个人信息嵌入设计呼之欲出，国际组织、各国政府机构将其以法律的形式固定下来，并得到了互联网巨头、大数据处理公司的一致认可。早在第三十二届数据保护大会上，参会成员表决通过了个人信息设计和解决的方案，明确将个人信息是否嵌入产品设计、流程管理作为考察数据企业个人信息处理是否合规的关键。此后，国际上纷纷援引个人信息嵌入设计作为个人信息保护的理论指导和实践应用。欧盟颁布的《一般数据保护条例》，将个人信息嵌入设计理论以法律的形式规定下来。在美国，联邦委员会要求信息处理者将个人信息保护政策措施实质性嵌入企业的数据管理中，美国相关执法案件也体现了这一原则，譬如：美国联邦委员会对谷歌街景案的调查中，把产品设计是否涉及个人信息保护作为重点调查内容。隐私嵌入设计要求对整个产品或服务包括产品设计、完善、验证等都包括个人信息保护政策，无论是强制性还是任意性，也无论是程序性还是技术性，其优势在于将贯穿于整个产品或服务的全生命周期，使个人信息保护成为信息处理者商业实践、系统开发和运行的必备条件，是信息处理者的事前积极预防措施。故此，判断信息处理者对个人信息处理行为是否尽到了合理的注意义务，需考量信息处理者在收集至删除整个数据处理过程中是否将个人信息保护贯穿和融入产品开发、服务设计、管理与运作中。

我国可以借鉴欧美成功经验，将个人信息嵌入设计理念涵盖前期个人信息收集到后期管理。对于直接面向信息主体的终端产品、服务的设计过程，即与消费者通过安装 App、网页浏览等生产或创造的个人信息实现共享和融合；对于信息系统内部使用或流转或共享第三方行为，遵守个人信息法律法规、政策和信息主体设置的偏好，譬如脸书公司通过隐私嵌入设计，允许消费者根据需要，自行选择是否接受广告植入，一方面保护了消费者个人信息；另一方面也可以根据不同的消费者需要植入广告，实现信息主体和信息处理等多方共赢的正和局面。

（三）增强技术

增强技术，是指通过加密、匿名、去标识等的技术处理和应用对信息中"个人"去身份化，此种方式能够对个人信息作技术处理，既能保护好个人信息，又能为个人信息的广泛利用提供技术支持，是确保个人信息处理的重要安全管理措施。数十年来，个人信息保护的效率问题使得增强技术逐渐被国际组织、各国政府机构、企业等接受和认可。据英国信息委员会办公室（Information Commissioner's Office）披露，个人信息增强技术能够有效保护个人信息，提升信息主体对信息处理者的信任度，同时可以为信息处理者节约保护成本和降低侵权风险。在我国的《网络安全法》中，已借鉴国外的成功经验，将增强技术写入法律，明确个人信息保护应通过增强技术辅助，以应对数字经济时代的个人信息处理风险。

值得注意的是，增强技术应用需要进行多方平衡和考虑，进而把握好运用的度。当增强技术过低，往往信息主体的身份很容易被识别，此时增强技术的存在价值意义不大；当增强技术过高，某些个人信息的价值将因此消减，导致这一技术丧失原本的价值和意义。譬如，在匿名化技术中，通过随机化和泛化处理，移除个人信息的可识别部分，从而使剩下的信息不能再识别到具体某个人。随机化就是通过改变原本信息的真实性，泛化则是通过改变信息量级的规模，使得信息与个人身份不再相关。匿名技术方式难以保证数据的质量，存在降低个人信息社会价值的可能。而在通过加密、假名等手段去标识化技术中，仍保留了信息中个人身份的颗粒度，此种技术手段可能不足以保证信息主体身份不会再次被识别。因此，为保证通过增强技术处理后的数据仍然有较高的价值，增强技术应随机、动态变化，与个人信息风险评估和隐私嵌入设计三者相互配合运用于个人信息保护实践，同时还需从制度规范层面，将以上三者制度化，通过制度对技术的确认，实现对个人信息处理的配套约束。

四　社群组织：行业协会自律

个人信息保护的实践路径还需开拓社会专业性机构参与的辅助机制。随着大数据、人工智能等新兴技术的创新发展，个人信息保护仅依靠政府管制、信息主体自主控制和信息处理者技术设计不能完全回应个人信息有效保护问题。

行业协会自律，主要目的是协调同行之间的利益，通过自我约束维护行业内的竞争秩序，制定行业规则来规范行业的行为标准，依靠行业内成员的自我约束、自觉行动来促进高质量发展。行业的自律首先要遵守国家法律法规和政策导向，其次主要依靠行业的规范来约束行业内成员的行为，从而形成行业内部的自我监督和自我保护的功能。譬如，由欧洲几大标准组织机构联合颁布"欧洲隐私标准推动方案"(IPSE),为信息处理过程中保护个人信息标准化制定了一个参照和执行模板,从利益层面推动国家、社会和个人的共生、共赢和协同。相较于法律规范,行业协会的自律规范具有一定的优势,更能建立企业的"内生机制",能有效降低国家监管成本[①]。正如学者所言,在大数据技术高速发展和革新的信息时代,行业协会自律规范弥补制定法的时滞性,能够紧跟技术发展步伐并迅速做出反应,从而弥合成文法和科技快速发展的矛盾,实现个人信息安全与利用效率之间的平衡[②]。个人信息保护发展历程中,从无为到有为、从无序到有序,行业自律始终起到重要作用,其对个人信息保护具有独特优势。

(一)技术优势与认同激励

市场是一把"双刃剑",既是个人信息安全风险的施害者,又是个人信息保护的践行者和创新者。以行业自律来规范市场行为中的个人信息收集与利用,提高信息主体对企业产品和服务的认同感和归属感,对我国数据产业的长远发展十分有利。有学者曾提示,相较于政府干预、司法诉讼等手段,行业自律等非官方手段更能使信息主体获得相对满意的个人信息保护。互联网协会早在 2012 年联手以百度为代表的多家网络公司发布了《互联网搜索引擎服务自律公约》,该自律公约成为互联网企业在经营管理实操中应当遵守和执行的行业惯例和技术规则。其中,该公约第 10 条规定互联网企业在涉及个人信息处理中应尽协助保护个人信息安全的义务,对于涉及违反法律规定的互联网活动,在收到信息主体的通知后,应当对侵权行为制止,对侵权内容及时删除或断开链接等,以保障信息主体的合法利益。因此,较之于正式法律规范,非正式的行业规范使协会会员更容易接受和遵守,具有更强的认同感和执行力。

---

① 参见鲁篱《行业协会经济自治权研究》,法律出版社 2003 年版,第 193 页。
② 参见齐爱民、盘佳《数据权、数据主权的确立与大数据保护的基本原则》,《苏州大学学报》(哲学社会科学版)2015 年第 1 期。

（二）行业自律规范是"社会法"，有效弥补法律规范的不足和漏洞

法律总是落后于科技发展，行业协会的个人信息保护标准和规范，能有效弥补法律的不足和漏洞，起到规范市场活动的功能。在我国个人信息保护法律法规尚不完善的情况下，以利润最大化为导向的信息处理行为，结果是个人信息的过度或违法开发和利用，将信息主体暴露在较高的侵权风险中。相较于官方手段，行业协会具有技术、专业优势，更加熟悉本行业的运作规律、发展特点，对行业所涉个人信息处理中可能出现的信息保护问题更加了解，故而制定的行业自律规范能够发挥信息主体和政府难以发挥的某些作用，是提升个人信息保护效率的"社会法"。同时，行业规范作为"软法"，能确定一些具体的权利义务内容，从而使个人信息保护更具有操作性，譬如网站的隐私政策或隐私声明，要求明确、具体，为什么收集，收集了什么，用于何处，违反这些规定将承担什么不利后果，这些细致而周全的行业规定具有较强的执行性，能够弥补法律规范的部分空白。

另外，行业协会作为多元纠纷解决机制中的重要一环，与司法程序比较，行业协会的纠纷解决机制更加灵活、简便，能够承担部分个人信息处理活动中的侵权纠纷化解功能。因此，行业协会作为多元纠纷解决机制具有成本低效率高优势，能较好地与司法程序形成互补，弥补司法诉讼不足。

第四节　本章小结

作为本书研究的最终落脚点，本章在先前章节研究的基础上，构建个人信息协同保护制度的协同机制和实现路径。首先，本章提出构建协同保护制度的价值三要素，其中优化知情同意质量是实质参与的体现，参与主体从零和走向合作是共享动机的基础，个人信

息保护的效率是共同行动能力的保障。其次,本章还基于权利、规则和行为的协同保护理论逻辑,提出公私权配合、激励相容、利益协调的协同保护机制。最后,以协调发展理念为导向,指出各方共同参与、协同合作的制度实现路径,即建立以政府管理和引导为中心,并结合信息主体参与和控制、信息处理者技术设计,以及行业自律的互补性嵌入,构建个人信息的协同保护路径。

第八章

结　论

本书围绕我国个人信息的交易成本高、保护效率低、行为激励不到位等问题，探究数字经济时代的个人信息保护制度。按照产权界定降低交易成本、规则适用促进交易效率、行为博弈激励合作演化的理论逻辑，对个人信息保护制度展开系统的法经济学研究，并结合典型案例检验协同保护理论成果，构建个人信息协同保护制度。本书的研究结论总结如下：

1. 属性界定发现，个人信息兼具个人性和社会性，越来越重要的社会性对个人信息保护制度提出变革性要求。传统的个人信息保护制度主要强调个人信息的个人性，从个人信息的人格、财产来界定其法律性质，从而形成以个人自主控制的个人信息保护制度路径。然而，数字经济的兴起，个人信息不仅是信息主体的私人权利，还是数据企业商业价值和政府公共价值的基石，个人信息的社会属性越来越突出，传统保护制度路径难以全面有效，需要革新保护路径。

2. 产权分析发现，个人信息"权利束"涉及信息主体、信息处理者和政府等多元权利主体，主体间的利益诉求不一致，利益相互纠葛交叉，并且"权利束"载体也呈多变特征，从原始信息、整理信息、衍生信息到派生信息，因而个人信息权利束在主体利益冲突和载体种类深化中表现出丰富化、多元化的权利体系。根据法经济学关于消除交易障碍、推动自由交易和维护社会契约的基本原理，本书提出权利协同以信息主体意志自由、信息处理者效率和政府公平正义为价值要素，重点用权利边界、权利平等和权利位阶的原则来协调个人信息权、企业数据权和政府监管权的冲突，并以个人信息权多元子权利内部配合、信息主体与信息处理者权利双向平衡以及公私权相互协调与制约来推进权利协同体系。

3. "卡—梅框架"的规则效率分析发现，管制规则具有事前、事中和事后效率，个人信息保护的规则协同应以管制规则作为统领，并以财产规则的事前效率为主、辅之责任规则的事后损害赔偿形成的核心规则。提升个人信息保护的规则效率，单一、孤立适用某一规则都不是理想路径，应当管制规则统筹事前、事中和事后的效率，以事前自愿交易效率的财产规则为主，以事后损害赔偿的责任规则为辅，形成个人信息保护的常用性规则。此后，再以无为规则推进未知领域探索和禁易规则坚守底线作为后援性规则，从而形成五种菜单、三级位阶、两类平行的规则协同。

4. 行为演化博弈发现，短期信息主体和信息处理者会陷入权利主张乏力和保护缺陷的囚徒困境，只有引入政府协同规制，方能促进信息主体的权利主张主动性和推动信息处理者的合规保护，并且发现信息主体积极参与的协同收益和成本，信息处理者的协同收益、成本和损害赔偿金，政府的识别效率、罚款和监管成本是其合作行为激励的关键因素，因此应以机会、动机和控制方法三者来推动关键因素变化，从而激励三者行为趋向协同保护。

5. 将权利、规则和行为协同的理论发现与腾讯抖音头像昵称之争的案例结合认为，个人信息保护不仅局限于针对性主体本身，而且对信息处理者之间数据产权有重要的支撑价值，甚至是国家和政府维护集体价值、公共利益和国家主权的基石，并且有效推进必须坚持协同的思想，运用三重授权原则、产权保护模式和提升行为主体注意水平来推进权、责、利的多维协同。

6. 结合理论和案例的研究，本书提出由价值要素、协同机制和协同路径构成的我国个人信息协同保护的制度，并认为制度构建应以优化知情同意质量的实质参与为权利价值导向，以从零和博弈走向合作的共享动机为行为价值导向，以提升个人信息保护的共同行动能力的为效率导向，三者构成制度的价值要素；同时，提出建立由公私权统一配合的权利配合、激励相容的规则调节、利益平衡的行为协同构成三重协调机制；进而提出政府、信息主体、信息处理者、社群组织共同参与作为协同创新的路径。

参考文献

一 中文著作

高富平：《信息财产：数字内容产业的法律基础》，法律出版社2009年版。

郭亮、王俐：《现代控制理论理论基础》，北京航空航天大学出版社2013年版。

黄少安：《产权经济学导论》，山东人民出版社1995年版。

黄薇：《中华人民共和国民法典人格权编解读》，中国法制出版社2020年版。

柯武刚、史漫飞：《制度经济学》，商务印书馆2003年版。

孔令杰：《个人资料隐私的法律保护》，武汉大学出版社2009年版。

柳适等：《诺贝尔经济学奖得主讲演集》，内蒙古人民出版社1998年版。

鲁篱：《行业协会经济自治权研究》，法律出版社2003年版。

倪正茂：《激励法学探析》，上海社会科学院出版社2012年版。

齐爱民：《信息法原论》，武汉大学出版社2010年版。

史晋川：《法经济学》，北京大学出版社2007年版。

涂子沛：《大数据：正在到来的数据革命》，广西师范大学出版社2012年版。

魏建：《法经济学：分析基础与分析范式》，人民出版社2007年版。

谢识予：《经济博弈论》，复旦大学出版社2002年版。

谢永志：《个人数据保护法立法研究》，人民法院出版社 2013 年版。

杨德才：《新制度经济学》，南京大学出版社 2016 年版。

姚海鑫：《经济政策的博弈论分析》，经济管理出版社 2001 年版。

俞文钊：《现代激励理论与应用》，东北财经大学出版社 2014 年版。

张乃根：《法经济学——经济学视野里的法律现象》，中国政法大学出版社 2003 年版。

张文显：《法哲学范畴研究》，中国政法大学出版社 2001 年版。

张五常：《经济解释——张五常经济论文选》，商务印书馆 2000 年版。

中共中央文献研究室：《习近平关于全面建成小康社会论述摘编》，中央文献出版社 2016 年版。

中共中央宣传部：《习近平总书记系列重要讲话读本》，人民出版社 2016 年版。

二　中文论文

艾佳慧：《法律经济学的新古典范式——理论框架与应用局限》，《现代法学》2020 年第 6 期。

蔡培如、王锡锌：《论个人信息保护中的人格保护与经济激励机制》，《比较法研究》2020 年第 1 期。

曹群、刘任重：《基于技术标准的技术进步策略选择——一个进化博弈分析》，《经济管理》2012 年第 7 期。

陈兵、顾丹丹：《数字经济下数据共享理路的反思与再造——以数据类型化考察为视角》，《上海财经大学学报》2020 年第 2 期。

陈希：《大数据时代公民个人信息民法保护的制度构建——兼评〈民法总则〉第 111 条》，《河南师范大学学报》（哲学社会科学版）2019 年第 3 期。

程啸：《论大数据时代的个人数据权利》，《中国社会科学》2018 年第 3 期。

池建新：《日韩个人信息保护制度的比较与分析》，《情报杂志》2016年第12期。

储陈城：《大数据时代个人信息保护与利用的刑法立场转换——基于比较法视野的考察》，《中国刑事法杂志》2019年第5期。

崔淑洁：《数据权属界定及"卡—梅框架"下数据保护利用规则体系构建》，《广东财经大学学报》2020年第6期。

丁晓东：《个人信息权利的反思与重塑——论个人信息保护的适用前提与法益基础》，《中外法学》2020年第2期。

丁晓东：《个人信息私法保护的困境与出路》，《法学研究》2018年第6期。

丁晓东：《论数据携带权的属性、影响与中国应用》，《法商研究》2020年第1期。

冯果、薛亦飒：《从"权利规范模式"走向"行为控制模式"的数据信托——数据主体权利保护机制构建的另一种思路》，《法学评论》2020年第3期。

冯洁、廖明源：《产权概念的法律经济学思考》，《理论观察》2006年第1期。

冯玉军：《权利相互性理论概说——法经济学的本体性阐释》，《法学杂志》2010年第9期。

冯志宏：《大数据视阈下的风险分配正义》，《广西社会科学》2017年第6期。

付秋芳、忻莉燕、马士华：《惩罚机制下供应链企业碳减排投入的演化博弈》，《管理科学学报》2016年第4期。

高富平：《个人信息保护：从个人控制到社会控制》，《法学研究》2018年第3期。

高莉：《基于利益平衡的数据隐私与商业创新协同保护研究》，《江苏社会科学》2020年第6期。

高秦伟：《个人信息保护中的企业隐私政策及政府规制》，《法商研究》2019 年第 2 期。

郭本海、方志耕、刘卿:《基于演化博弈的区域高耗能产业退出机制研究》,《中国管理科学》2012 年第 4 期。

郭洁、姚宇:《卡—梅框架下我国物权保护规则的配置研究》,《政法论丛》2017 年第 6 期。

郭如愿:《个人数据的经济利益论与财产权利构建》,《电子知识产权》2020 年第 5 期。

胡凌:《谁拥有互联网信息——从百度文库说起》,《北大法律评论》2013 年第 1 期。

黄震、蒋松成:《数据控制者的权利与限制》,《陕西师范大学学报》(哲学社会科学版) 2019 年第 6 期。

姬蕾蕾:《论个人信息利用中同意要件的规范重塑》,《图书馆》2018 年第 12 期。

姜鑫、王德庄:《开放科学数据与个人数据保护的政策协同研究——基于政策文本内容分析视角》,《情报理论与实践》2019 年第 12 期。

敬力嘉:《大数据环境下侵犯公民个人信息罪法益的应然转向》,《法学评论》2018 年第 2 期。

雷丽莉:《权力结构失衡视角下的个人信息保护机制研究——以信息属性的变迁为出发点》,《国际新闻界》2019 年第 12 期。

李川:《个人信息犯罪的规制困境与对策完善——从大数据环境下滥用信息问题切入》,《中国刑事法杂志》2019 年第 5 期。

李海敏:《数据的本质、属性及其民法定位——基于数据与信息的关系辨析》,《网络法律评论》2017 年第 2 期。

李建标、曹利群:《"诺思第二悖论"及其破解——制度变迁中交易费用范式的反思》,《财经研究》2003 年第 10 期。

李蕾:《数据可携带权:结构、归类与属性》,《中国科技论坛》2018 年第 6 期。

李谦：《人格、隐私与数据：商业实践及其限度——兼评中国cookie隐私权纠纷第一案》，《中国法律评论》2017年第2期。

李树：《经济理性与法律效率——法经济学的基本理论逻辑》，《南京社会科学》2010年第8期。

李艳、罗小川：《中国关于制度变迁的理论性研究及其评价》，《云南社会科学》2009年第4期。

李仪：《个人信息共享的治理机制研究——以实现大数据下共享的知识服务功能为视角》，《情报杂志》2019年第12期。

林洹民：《个人信息保护中知情同意原则的困境与出路》，《北京航空航天大学学报》（社会科学版）2018年第3期。

凌斌：《法律救济的规则选择：财产规则、责任规则与卡梅框架的法律经济学重构》，《中国法学》2012年第6期。

凌萍萍、焦冶：《侵犯公民个人信息罪的刑法法益重析》，《苏州大学学报》（哲学社会科学版）2017年第6期。

刘东：《交易费用概念的内涵与外延》，《南京社会科学》2001年第3期。

刘铁光、吴玉宝：《大数据时代数据的保护及其二次利用侵权的规则选择——基于"卡—梅框架"的分析》，《湘潭大学学报》（哲学社会科学版）2015年第6期。

刘泽刚：《大数据隐私的身份悖谬及其法律对策》，《浙江社会科学》2019年第12期。

龙卫球：《再论企业数据保护的财产权化路径》，《东方法学》2018年第3期。

卢现祥：《共享经济：交易成本最小化、制度变革与制度供给》，《社会科学战线》2016年第9期。

梅夏英：《数据的法律属性及其民法定位》，《中国社会科学》2016年第9期。

齐爱民、盘佳：《数据权、数据主权的确立与大数据保护的基本原则》,《苏州大学学报》(哲学社会科学版)2015年第1期。

冉昊:《法经济学中的"财产权"怎么了？——一个民法学人的困惑》,《华东政法大学学报》2015年第2期。

申卫星:《论数据用益权》,《中国社会科学》2020年第11期。

沈满洪、张兵兵:《交易费用理论综述》,《浙江大学学报》(人文社会科学版)2013年第2期。

石少侠:《对产权概念的法律思考》,《法制与社会发展》1996年第5期。

苏今:《〈民法总则〉中个人信息的"可识别性"特征及其规范路径》,《大连理工大学学报》(社会科学版)2020年第1期。

汤吉军:《制度变迁过程的历史沉淀成本效应分析》,《学术月刊》2012年第2期。

汪洪涛:《论制度变迁中发生的成本性质》,《学术月刊》2003年第7期。

王成:《个人信息民法保护的模式选择》,《中国社会科学》2019年第6期。

王涵:《信息社会背景下个人信息私法保护问题研究》,《商业研究》2019年第2期。

王利明:《论个人信息权的法律保护——以个人信息权与隐私权的界分为中心》,《现代法学》2013年第4期。

王利明:《民法典应强化对数据共享中个人信息的保护》,《北京日报》2019年2月18日。

王利明:《数据共享与个人信息保护》,《现代法学》2019年第1期。

王维艳:《社区参与下的旅游景区竞合关系演变机理及调控——基于纵向价值链的演化博弈分析》,《经济管理》2018年第6期。

魏益华、鲍锋:《法经济学的由来及法的经济分析成功的原因》,《税务与经济》2014年第2期。

项定宜：《论个人信息财产权的独立性》，《重庆大学学报》（社会科学版）2018 年第 6 期。

肖冬梅、文禹衡：《法经济学视野下数据保护的规则适用与选择》，《法律科学》（西北政法大学学报）2016 年第 6 期。

谢琳、李旭婷：《个人信息财产权之证成》，《电子知识产权》2018 年第 6 期。

熊秉元：《权利和义务是连体婴吗？——法经济学的视角》，《浙江社会科学》2014 年第 11 期。

徐伟：《企业数据获取"三重授权原则"反思及类型化构建》，《交大法学》2019 年第 4 期。

杨峰、刘先良：《卡—梅框架下我国排污权担保的规则配置研究》，《现代法学》2019 年第 5 期。

杨涛：《论知识产权法中停止侵害救济方式的适用——以财产规则与责任规则为分析视角》，《法商研究》2018 年第 1 期。

杨惟钦：《价值维度中的个人信息权属模式考察——以利益属性分析切入》，《法学评论》2016 年第 4 期。

叶敏：《个人信息商业利用的正当性与民法规则构想》，《中国高校社会科学》2018 年第 4 期。

易棉阳：《近代中国两种金融监管制度的比较：基于交易费用视角的研究》，《财经研究》2014 年第 1 期。

于明磊：《产权概念的经济学分析和现实法律思考——新型财产权利的法律定位》，《制度经济学研究》2003 年第 2 期。

喻中：《权利设置与规则选择：法理意义的理论建构——卡拉布雷西法律规则理论的方法论价值》，《江汉学术》2017 年第 3 期。

张金平：《跨境数据转移的国际规制及中国法律的应对——兼评我国〈网络安全法〉上的跨境数据转移限制规则》，《政治与法律》2016 年第 12 期。

张五常：《交易费用的范式》，《社会科学战线》1999 年第 1 期。

张新宝:《从隐私到个人信息:利益再衡量的理论与制度安排》,《中国法学》2015年第3期。

张新宝:《个人信息收集:告知同意原则适用的限制》,《比较法研究》2019年第6期。

张新宝:《我国个人信息保护法立法主要矛盾研讨》,《吉林大学社会科学学报》2018年第5期。

张屹山、高丽媛:《制度变迁下交易费用变化的权力视角分析——对诺斯第二悖论的再认识》,《东北师大学报》(哲学社会科学版)2014年第3期。

赵海怡、李斌:《"产权"概念的法学辨析——兼大陆法系与英美法系财产法律制度之比较》,《制度经济学研究》2003年第2期。

赵玮萍、吕广玉:《政府利益约束下制度变迁机制分析》,《北京理工大学学报》(社会科学版)2013年第1期。

周汉华:《探索激励相容的个人数据治理之道——中国个人信息保护法的立法方向》,《社会科学文摘》2018年第4期。

周林彬、马恩斯:《数据财产归属的反思——基于卡尔多—希克斯模型》,《制度经济学研究》2018年第4期。

朱新力、周许阳:《大数据时代个人数据利用与保护的均衡——"资源准入模式"之提出》,《浙江大学学报》(人文社会科学版)2018年第1期。

三 外文著作

Bouckaert, Baudewijn, and Gerrit D., *Encyclopedia of Law and Economics*, Edward Elgar, 2000.

Coase, R. H., *The Firm, the Market, and the Law*, University of Chicago Press, 2012.

Coase, R. H., The Institutional Structure of Production, *Handbook of New Institutional Economics*. Boston, MA: Springer US, 2005.

Coase, R. H., *The Nature of the Firm*, Macmillan Education UK, 1995.

Commons, J. R., *The Distribution of Wealth*, Macmillan and Company, 1893.

Daniel J. S., *Understanding Privacy*, MA: Harvard University Press. 2009.

Haskel, Jonathan, and Stian W., *Capitalism without Capital: The Rise of the Intangible Economy*, Princeton University Press, 2018.

Hume, D., *A Treatise of Human Nature*, Oxford University Press, 2000.

Rawls, J., *A Theory of Justice*, Cambridge (Mass.), 1971.

Jacob S., *Terms of Service: Social Media and the Price of Constant Connection*, New York: Harper Perennial, 2016.

Walzer, Michael., *Spheres of Justice: A Defense of Pluralism and Equality*, New York: Basic Books, 2008.

四 外文译著

[澳] 胡·贝弗利—史密斯：《人格的商业利用》，李志刚、缪因知译，北京大学出版社 2007 年版。

[德] H. 哈肯：《协同学：大自然成功的巧秘》，凌复华译，上海译文出版社 2005 年版。

[德] 卡尔·拉伦茨：《法学方法论》，陈爱娥译，商务印书馆 2003 年版。

[德] 马克斯·韦伯：《经济与社会（上卷）》，林荣远译，商务印书馆 1997 年版。

[法] 伯纳德·利奥托德、马克·哈蒙德：《大数据与商业模式变革：从信息到知识，再到利润》，郑晓舟等译，电子工业出版社 2015 年版。

［法］让·梯若尔：《创新、竞争与平台经济——诺贝尔经济学奖得主论文集》，寇宗来、张艳华译，法律出版社 2017 年版。

［法］让—雅克·拉丰、大卫·马赫蒂摩：《激励理论（第一卷）：委托—代理模型》，陈志俊等译，中国人民大学出版社 2002 年版。

［美］阿尔文·托夫勒：《第三次浪潮》，朱志焱等译，新华出版社 1996 年版。

［美］埃弗里·卡茨：《法律的经济分析基础》，法律出版社 2005 年影印版。

［美］埃里克·弗鲁博顿、［德］鲁道夫·芮切特：《新制度经济学——一个交易费用分析范式》，姜建强、罗长远译，上海人民出版社 2007 年版。

［美］埃莉诺·奥斯特罗姆：《公共事物的治理之道———集体行动制度的演进》，蒋兆康译，上海译文出版社 2012 年版。

［美］博登海默：《法理学——法哲学及其方法》，邓正来、姬敬武译，华夏出版社 1987 年版。

［美］格里高利·曼昆：《经济学原理》，梁小民译，北京大学出版社 2014 年版。

［美］哈罗德·德姆塞茨：《关于产权的理论》，载于《财产权利与制度变迁》，上海三联书店 1991 年版。

［美］杰里米·边沁：《道德与立法原理导论》，时殷弘译，商务印书馆 2000 年版。

［美］劳伦斯·莱斯格：《代码 2.0——网络空间中的法律》，李旭、沈伟伟译，清华大学出版社 2009 年版。

［美］理查德·波斯纳：《法律的经济分析》，蒋兆康译，法律出版社 2012 年版。

［美］罗伯特·考特、托马斯·尤伦：《法和经济学》，张军等译，格致出版社、上海人民出版社 2012 年版。

［美］罗纳德·哈里·科斯：《企业、市场与法律》，盛洪、陈郁译校，上海三联书店 1990 年版。

［美］罗斯科·庞德：《法理学》（第三卷），廖德宇译，法律出版社 2007 年版。

［美］罗斯科·庞德：《法律史解释》，邓正来译，中国法制出版社 2002 年版。

［美］迈克尔·沃尔泽：《正义诸领域：为多元主义与平等一辩》，褚松燕译，译林出版社 2002 年版。

［美］平狄克、鲁宾费尔德：《微观经济学》，张军等译，中国人民大学出版社 2000 年版。

［美］施蒂格勒：《价格理论》，李青原等译，商务印书馆 1992 年版。

［美］斯蒂芬·芒泽：《财产理论》，彭诚信译，北京大学出版社 2006 年版。

［美］特伦斯·克雷格、玛丽·E. 卢德洛芙：《大数据与隐私》，赵亮、武青译，东北大学出版社 2016 年版。

［美］约翰·罗尔斯：《正义论》，何怀宏等译，中国社会科学出版社 2003 年版。

［美］詹姆斯·R. 卡利瓦斯、迈克尔·R. 奥弗利：《大数据商业应用风险规避与法律指南》，陈婷译，人民邮电出版社 2016 年版。

［美］詹姆斯·布坎南：《自由、市场与国家》，平新乔、莫扶民译，上海三联书店 1993 年版。

［日］城田真琴：《数据中间商》，邓一多译，北京联合出版公司 2016 年版。

［瑞典］乔根·W. 威布尔：《演化博弈论》，王永钦译，上海人民出版社 2006 年版。

［以］约拉姆·巴泽尔：《产权的经济分析》，费方域、段毅才译，上海人民出版社 1997 年版。

［英］安德鲁·坎贝尔、凯瑟琳·萨姆斯·卢克斯:《战略协同》,任通海、卢大伟译,机械工业出版社2000年版。

［英］维克托·迈尔—舍恩伯格、肯尼思·库克耶:《大数据时代》,盛杨、周涛译,浙江人民出版社2013年版。

［英］亚当·斯密:《国民财富的性质和原因的研究(上)》,郭大力、王亚南译,商务印书馆2008年版。

［英］约翰·梅纳德·史密斯:《演化与博弈论》,潘春阳译,复旦大学出版社2008年版。

五 外文论文

Balganesh, Shyamkrishna, "Common Law Property Metaphors on the Internet: The Real Problem with the Doctrine of Cybertrespass", *Michigan Telecommunications & Technology Law Review*, Vol. 12, 2005.

Benkler, Yochai, "From Consumers to Users: Shifting the Deeper Structures of Regulation Toward Sustainable Commons and User Access", *Federal Communications Law Journal*, Vol. 52, 1999.

Bergelson, Vera, "It's Personal But is it Mine-toward Property Rights in Personal Information", *University of California Davis Law Review*, Vol. 37, 2003.

Bygrave, Lee A., "Privacy and Data Protection in an International Perspective", *Scandinavian Studies in Law*, Vol. 56, No. 8, 2010.

Calabresi, G., and Melamed, A. D., "Property Rules, Liability Rules, and Inalienability: One View of the Cathedral", *Harvard Law Review*, Vol. 85, No. 6, 1972.

Coase, R. H., "The Problem of Social Cost", *The Journal of Law and Economics*, Vol. 3, 1960.

Cohen, Julie E., "Examined Lives: Informational Privacy and the Subject as Object", *Stanford Law Review*, Vol. 52, 2000.

Costa, L. and Yves P., "Privacy and the Regulation of 2012", *Computer Law & Security Review*, Vol. 28, No. 3, 2012.

Crawford, Kate, and Jason S., "Big Data and Due Process: Toward a Framework to Redress Predictive Privacy Harms", *Boston College Law Review*, Vol. 55, 2014.

Danielle, K. C., "Technological Due Process", *Washington University Law Review*, Vol. 6, 2008.

De Hert, P. and Vagelis P., "The New General Data Protection Regulation: Still a Sound System for the Protection of Individuals?", *Computer Law & Security Review*, Vol. 32, No. 2, 2016.

Demsetz, H., "Toward a Theory of Property Rights", *The American Economic Review*, Vol. 57, No. 2, 1967.

Ellickson, R. C., "Two Cheers for the Bundle-of-Sticks Metaphor, Three Cheers for Merrill and Smith", *Econ Journal Watch*, Vol. 8, No. 3, 2011.

Francis, B., "The Anatomy of Market Failure", *Quarterly Journal of Economics*, Vol. 72, No. 3, 1958.

Friedman, D., "Evolutionary Games in Economics", *Econometrica*, Vol. 59, No. 3, 1991.

Graef, I., Jeroen V., and Peggy V., "Putting the Right to Data Portability into a Competition Law Perspective", *The Journal of the Higher School of Economics*, Annual Review, 2013.

Hanson J. D., Logue K. D., "The Costs of Cigarettes: The Economic Case for Ex Post Incentive-Based Regulation", *The Yale Law Journal*, Vol. 107, No. 5, 1998.

Heller, Michael A., "The Tragedy of the Anticommons: Property in the Transition from Marx to Markets", *Harvard Law Review*, Vol. 111, 1998.

Helveston, Max N., "Consumer Protection in the Age of Big Data", Wash. *University of Washington Law Review*, Vol. 93, No. 4, 2016.

Hilbert, M., "Big Data for Development: A Review of Promises and Challenges", *Development Policy Review*, Vol. 34, No. 1, 2016.

Jamal, K., Michael M., and Shyam S., "Regulations and the Marketplace", *Vanderbilt Law Review*, Vol. 26, 2003.

Janeček, Václav, "Ownership of Personal Data in the Internet of Things", *Computer Law & Security Review*, Vol. 34, No. 5, 2018.

Jerome, Joseph W., "Buying and Selling Privacy: Big Data's Difference Burdens and Benefits", *Stanford Law Review Online*, Vol. 66, 2013.

Kaplow, L., and Shavell, S., "Property Rules Versus Liability Rules: An Economic Analysis", *Harvard Law Review*, Vol. 109, No. 4, 1996.

Klein, Daniel B., and John R., "Property: A Bundle of Rights? Prologue to the Property Symposium", *Econ Journal Watch*, Vol. 8, No. 3, 2011.

Kuner, Christopher, et al., "Risk Management in Data Protection", *International Data Privacy Law*, Vol. 5, No. 2, 2015.

Levmore, S., "Unifying Remedies: Property Rules, Liability Rules, and Startling Rules", *The Yale Law Journal*, Vol. 106, 1996.

Miller, Arthur R., "Personal Privacy in the Computer Age: The Challenge of a New Technology in an Information-Oriented Society", *Michigan Law Review*, Vol. 67, 1968.

Mortier, Richard, et al., "Challenges & Opportunities in Human-data Interaction. University of Cambridge", *Computer Laboratory*, Vol. 103, 2013.

Mulligan, Deirdre K., and Jennifer K., "Bridging the Gap Between Privacy and Design", *University of Pennsylvania Journal of Constitu-

tional Law, Vol. 14, 2011.

Nehf, James P., "Recognizing the Societal Value in Information Privacy", *Washington Law Review*, Vol. 78, 2003.

Purtova, Nadezhda, "The Illusion of Personal Data as no One's Property", *Law, Innovation and Technology*, Vol. 7, No. 1, 2015.

Richards, Neil M., and Jonathan H. K., "Three Paradoxes of Big Data", *Stanford Law Review*, Vol. 66, 2013.

Rose, Carol M., "The Shadow of the Cathedral", *The Yale Law Journal*, Vol. 106, 1996.

Rose, Carol, "The Comedy of the Commons: Custom, Commerce, and Inherently Public Property", *The University of Chicago Law Review*, Vol. 53, No. 3, 1986.

Rubenfeld, J., "The Right of Privacy", *Harvard Law Review*, Vol. 102, No. 4, 1989.

Schwartz, Paul M., and Daniel J. S., "Reconciling Personal Information in the United States and European Union", *California Law Review*, Vol. 102, 2014.

Schwartz, Paul M., "Property, Privacy, and Personal Data", *Harvard Law Review*, Vol. 117, 2003.

Scitovsky, Tibor, "Two Concepts of External Economies", *Journal of Political Economy*, Vol. 62, No. 2, 1954.

Scott, Inara, "Incentive Regulation, New Business Models, and the Transformation of the Electric Power Industry", *Michigan Journal of Environmental & Administrative Law*, Vol. 5, 2015.

Selten, R., "A Note on Evolutionarily Stable Strategies in Asymmetric Animal Conflicts", *Journal of Theoretical Biology*, Vol. 84, No. 1, 1980.

Shavell, S., "Liability for Accidents", *Handbook of Law and Econom-*

ics, Vol. 1, 2007.

Shelanski, Howard A., "Information, Innovation, and Competition Policy for the Internet", *University of Pennsylvania Law Review*, Vol. 161, 2012.

Sokol, D. Daniel, and Roisin C., "Antitrust and Regulating Big Data", *George Mason Law Review*, Vol. 23, 2015.

Solove, D. J., "Introduction: Privacy Self-Management and the Consent Dilemma", *Harvard Law Review*, Vol. 126, 2012, p. 1880.

Sovern, Jeff, "Opting in, Opting Out, or No Options at All: The Fight for Control of Personal Information", *Washington Law Review*, Vol. 74, 1999.

Stephen V. E., "Primed for Peace: Europe After the Cold War", *International Security*, Vol. 15, No. 3, 1991.

Swire, P., and Lagos, Y., "Why the Right to Data Portability Likely Reduces Consumer Welfare: Antitrust and Privacy Critique", *Maryland Law Review*, Vol. 72, 2012.

Swire, Peter, "Social Networks, Privacy, and Freedom of Association: Data Empowerment vs. Data Protection", *North Carolina Law Review*, Vol. 90, 2011.

Tene, O., and Jules P., "Big Data for All: Privacy and User Control in the Age of Analytics", *Northwestern Journal of Technology and Intellectual Property*, Vol. 11, 2012.

Tene, O., "Privacy Law's Midlife Crisis: A Critical Assessment of the Second Wave of Global Privacy Laws", *Ohio State Law Journal*, Vol. 74, 2013.

Umbeck, John, "Might Makes Rights: A Theory of the Formation and Initial Distribution of Property Rights", *Economic Inquiry*, Vol. 19, No. 1, 1981.

Warren, Samuel D., and Louis D. B., "The Right to Privacy", *Harvard Law Review*, Vol. 4, No. 5, 1989.

Wertheimer, A., "Consent and Sexual Relations", *Legal Theory*, Vol. 2, No. 2, 1996.

Wesley, N. H., "Some Fundamental Legal Conceptions as Applied in Judicial Reasoning", *The Yale Law Journal*, Vol. 23, No. 1, 1913, pp. 16–59.

Westin, A. F., "Privacy and Freedom", *Washington and Lee Law Review*, Vol. 25, No. 1, 1968.

Whitman, James Q., "The Two Western Cultures of Privacy: Dignity Versus Liberty", *The Yale Law Journal*, Vol. 113, 2004.

Wu, Tim, "When Code Isn't Law", *Virginia Law Review*, Vol. 89, No. 4, 2003.

Yu, Peter K., "Data Producer's Right and the Protection of Machine-Generated Data", *Tulane Law Review*, Vol. 93, 2018.

六 电子文献

工业和信息化部信息通信管理局：《关于下架侵害用户权益 APP 的通报》，2020 年 11 月 10 日，https：//www. miit. gov. cn/jgsj/xgj/fwjd/art/2020/art_fc75900498fd4ddf89ca6e0d0e96141b. html，2018 年 5 月 5 日访问。

新华网：《华为发布全球产业展望 2025 预计数字经济 23 万亿美元》，2018 年 04 月 18 日，http：//m. xinhuanet. com/gd/2018-04/18/c_1122702734. htm，2018 年 5 月 5 日访问。

七 司法判决

北加州法院：《HiQ Labs 诉 LinkedIn 数据抓取案》，案号：See 273 F. Supp. 3d 1099 (N. D. Cal. 2017)，2017 年 8 月。

北京市第一中级人民法院（2017）京01民终509号民事判决书。

北京市海淀区人民法院（2010）海民初字第24463号民事判决书。

北京市第一中级人民法院（2011）一中民终字第7512号民事判决书。

北京市海淀区人民法院（2015）海民（知）初字第12602号民事判决书。

北京知识产权法院（2016）京73民终588号民事判决书。

江苏省连云港市中级人民法院（2014）连民终字第0006号民事判决书。

辽宁省沈阳市和平区人民法院（2015）沈和民一初字第00732号民事判决书。

上海市知识产权法院（2016）沪73民终第242号民事判决书。

天津市滨海新区人民法院（2019）津0116民初2091号民事裁定书。

浙江省杭州市铁路运输法院（2017）浙8601民初第4034号民事判决书。

后　　记

"盛年不重来，一日难再晨。及时当勉励，岁月不待人。"

凌晨，书稿主体部分完成，进入"后记"部分。打开窗户，晨光熹微，花香鸟语，春天已然到来。

时钟拨回五年前的这个时候，彼时正艰难备考吉林大学的博士生。一朝喜讯传来，立马辞去十年的大学教师工作，来到吉林大学经济学院做回学生，让三十多岁的我倍感珍惜。

感谢博士导师魏益华教授，她温文尔雅、治学严谨，是我辈为人求学的楷模。与魏老师的缘分始于2009年，那时候参加吉林大学经济学院法经济学专业硕士的面试，魏老师作为面试官，专业而不失和蔼，严谨而不失温和，给我留下了深刻的印象，当时我就在想如果能够拜师在魏老师门下，那该多好！可惜天不遂人愿，因为工作和孩子的原因，很遗憾地放弃了上次宝贵的入学深造机会，但成为魏老师的学生这个梦想一直都在我心中，始终无法忘怀。9年后，二胎宝宝已经一岁半，家庭生活已基本理顺，工作却进入瓶颈期，我想改变！抱着一丝丝希望，我厚着脸皮给老师发短信，表达了想继续来做学生的愿望，没想到这成为我人生的重大转折点。辞去工作奔赴期盼已久的校园，老师一句"孩子都安顿好了吗"让我倍感温暖。在求学期间的每一点进步，都饱含老师的心血和汗水。老师知识渊博、严谨的治学态度，使我这位大龄学生丝毫不敢怠慢。聚焦个人信息保护问题研究中，大到选题、框架结构设计，小到措辞、标点符号使用，都离不开老师的悉心指导和帮助。当研究进展顺利得到老师表扬和鼓励时，一个人可以乐呵几天；当研究出现疑惑、迷茫时，老师及时指导，让我信心满满。恩师的言传身教，学生终身受益。

感谢硕士导师潘善斌教授，在得知我被录取后，老师十分高兴，多次嘱咐要珍惜这来之不易的机会，要多读，多想，多思考，争取在学术、科研的道路上有质的提升。每次遇到有关学术会议，潘老师总想到他的弟子还在研究数字经济和个人信息，带着传道授业的敬业精神领我去接受知识的冲击、学术的熏陶，让我体会到大数据法治就在身边，让我从学术观点激荡中学会观察和总结。

感谢贵阳银行法律合规部总经理向林生博士的指导和帮助，他反馈给我的研究手稿修改意见干净、整洁，他让我学会了严谨和认真。感谢贵州财经大学曹务坤教授，在百忙之中抽出时间给我提出宝贵的意见；感谢贵州财经大学任红副教授，在本书核心内容冲刺期间为我提供一个办公室，让我能够安静完成研究修改；感谢远在加拿大的妹夫李翔博士，三更半夜帮助我调试程序；感谢吉林大学的老师们，让我在校期间接受了系统的专业知识训练，为我从事个人信息保护研究奠定了坚实的基础；感谢各位同学和同门，在学习和生活上得到你们太多帮助，让我博士生涯回忆满满；感谢我的好朋友王菊红女士在此期间一直陪着我、鼓励我。

书稿付梓之际，个人信息所蕴含的数据被称数字经济的"石油"，新国发 2 号文赋予贵州省"数字经济发展创新区"的战略定位，我们感恩新时代，贵州财经大学又搭建学科融合平台，以数字经济为统领，融合经管学科、理工学科及文法学科，形成"数字经济+"学科特色，作为中国梦的追梦人、土生土长的贵州人和身体力行的贵财人，我们将砥砺前行、持续关注数字经济，多出成果、回馈社会。